德意志意識型態 I. 費爾巴哈

Deutsche Ideologie I. Feuerbach

· 原始手稿 ·

Urmanuskript

恩格斯〈Friedrich Engels〉、馬克思〈Karl Marx〉

孫善豪 譯註

目錄
Contents

導論

‖ 一、歷史／理論背景

馬克思是在 1818 年出生的。時當中國的滿清嘉慶廿三年。三年之後（1821 年），道光皇帝即位。當馬克思 1883 年過世的時候，光緒皇帝即位九年，中國由慈禧太后執政。恩格斯比馬克思晚兩年生、晚十二年過世（1895 年，光緒廿一年）。

他們雖然生在德國、長在德國，但是，第一，這個「德國」是很歧義的，第二，他們的後半生，其實都不在德國。

「德國」作為一個民族國家，是在 1864 年普丹戰爭（當時馬克思 46 歲，滯留倫敦十五年）、1866 年普奧戰爭（當時馬克思 48 歲，滯留倫敦十七年。次年，《資本論》出版）、1871 年普法戰爭（當時馬克思 53 歲，滯留倫敦二十二年。兩年後，1873 年，《資本論》第二版出版）三次戰爭之後成立的。十二年後，馬克思過世。換言之，在馬克思生前的大半時間，「德國」（Deutschland）或「德意志的」（deutsche）這個字眼，所指涉的，並不是目前（21 世紀）所慣常指涉的那個對象。反而，只是個（中世紀封建制度下）邦國林立的區域。當時德國大概有三種主要政治勢力，一是以俾斯麥為首的貴族地主階級，一是新興的資產階級，一是隨著資產階級而出現的無產階級。一如黑格爾的描述，貴族地主是「土地佔有者等級」中「有教養的部分」，他們形成「實體性的等級」，具有「鞏固的實體性地位」，要求的是「確保需要能夠滿足」。（GPR § 306 Zusatz, § 203, § 307, § 203）資產階級則是「市民社會中不穩定（bewegliche）的方面」，這個等級中的「個人」都要靠「自己、自己的活動」才能獲得和享受些什麼，因此他們有一種「自我感」（Selbstgefühl），並且會要求「自由與秩序」。相較於貴族地主階級之「較傾向服從」，這個階級則「較

傾向自由」。（Ibid. § 308, § 204）這兩個階級之間的衝突，把新興的無產階級帶上政治鬥爭舞台、成為雙方爭取的關鍵勢力。例如，俾斯麥就施展兩手策略，一方面以《社會黨人法》禁止國內的社會主義運動，一方面則拉攏拉薩爾（Ferdinand Lassalle）的全德工人協會（Allgemeiner Deutscher Arbeiterverein, ADAV）推行國家社會主義，[1] 甚至也曾試圖與馬克思取得某種和解。[2]（孫善豪，2010:144-45）

　　德國的資產階級與資本主義的發展，固然也十分迅速（所以會有 1848 年的法蘭克福制憲會議），但是，和目前一般對 "Made in Germany" 那種「高品質」的印象相反，當時德國經濟毋寧是某種「山寨版經濟」。所以馬克思與恩格斯會嘲笑德國的「慣常方式」是「大量生產仿冒品、降低品質、原料不實、偽造商標、買空賣空、空頭支票以及毫無現實基礎的信用制度。」（本書 p.2, 8）與此相適應的，德國思想界原本由黑格爾所建立起來的整幢思想大廈，隨著他 1831 年（當時馬克思十三歲）的過世，驟然傾頹。代之而起的是各種批判以及所謂「超越」黑格爾的哲學。馬克思與恩格斯譏笑這是個「絕對精神的腐爛過程」：「當最後一點生命的火花熄滅後，這個殘渣（caput mortuum）的各個組成部分就分解了，它們重新組合，形成了新的實體。那些迄今一直以剝削絕對精神維生的『哲學工業家們』，現在都撲向了這些新的組合物。每個人都竭盡所能地推銷他所分得的那一份。」（本書 p.1）對於這些「哲學的吹牛大王」，（本書 p.8）《共產黨宣言》批評說：他們的工作只是「把法國的新思想和他們的哲學舊良心給調和起來」，是「把自己的哲學談論方式（Redensarten）硬塞進法國理論 [的發展] 裡去」。（MEW4: 485, 486）換言之，對馬克思與恩格斯來說，當時德國各種新興的哲學，其實不過是「山寨版」的法國思想。或者，借用金庸《天龍八部》裡鳩摩智「外少林而內小無相功」為喻，則當時德國哲學毋寧是「外法國而內黑格爾」：他們「沒有任何一個人曾經（哪怕只是試圖）對黑格爾體系進行全面的批判」（本書 p.3），亦即：「沒有一個想到要去問問

---

[1]　馬克思在《共產黨宣言》中稱之為「封建社會主義」。（MEW4: 482）
[2]　馬克思在 1867 年 4 月 24 日從漢諾威（Hannover）寫信給恩格斯說：「昨天俾斯麥派了他一名爪牙，律師瓦內伯爾德（Warnebold），來找我（此事僅你我知之）。」（MEW31: 290）

德國哲學和德國現實之間的關聯、問問他們的批判和他們自己的物質環境之間的關聯。」（本書 p.6）

馬克思是在 1843 年（被迫）離開這個封建勢力籠罩下、資產階級剛興起、而思想界一片混亂的德國的。迎向他的，主要是法國與英國：在那裡，法國（至少）在 1789 年的大革命中完成了資產階級革命，而英國甚至早在 1642- 51 年內戰中就已完成了。與此相伴隨的，是大規模的工業生產與新型的社會組織方式，以及新的學問：政治經濟學。

據馬克思自述，他在 1842- 43 年間，作為《萊茵報》的編輯，首次遇到了「要對所謂物質利益發表意見的難事」。（*MEW* 13: 7）這個「從哲學到政治經濟學」的「思想轉向」，幾乎是與馬克思「從德國到萊茵河左岸」的「人身轉向」同時發生的：1843 年，他被迫離開了德國，開始在巴黎、布魯塞爾與倫敦之間展開了他的流亡生涯。

在這個流亡過程中，馬克思不僅身體離開了德國，而且思想也離開了：走向唯物論（雖然這個轉向發生得更早）。只是：他仍然以德國為念。不僅他最後的代表作《資本論》，雖然在英國寫就、但在 1867 年仍以德文在漢堡出版、而且還警告它的德國讀者：[換個名字,]「這說的正是閣下的事」（De te fabula narratur）：（*MEW* 23: 12）──顯然這部著作是寫給德國人看的。而且，即使他流亡初期，身體上揮別了德國，也不能在思想上忘情於德國，所以，他一方面毅然決然地從黑格爾唯心論出走、進入政治經濟學的研究，一方面又從哲學的方面回頭批判他的那些落在後面的所謂「新黑格爾主義者」。這種類似柏拉圖洞穴譬喻中那位返回洞穴的哲學家的立場，可能正是馬克思在「進步的西方」與「落後的德國」之間、在「唯物論」與「唯心論」之間所採取的立足點。因此，在這個意義上，由於本書《德意志意識型態》正是在流亡初期寫的，所以當然可以說：本書是馬克思思想「轉折」的標誌之一──不過未必可以像阿圖色（L. Althusser）那樣誇大成「斷裂點」。（Cf. e.g. 1977: 45, 219ff etc.）

至少有兩條線索使得阿圖色的誇大成為可疑的：

其一，是《資本論》的〈二版跋〉（1873）裡，馬克思特別對「在《資本論》

中所使用的方法，很少被理解」（*MEW*23: 25）一事，花了許多篇幅辯解與說明。在嘲諷了「形上學方法」、「演繹法」和「分析法」等等的評論後，馬克思特別舉出一位俄國評論家考夫曼（I. I. Kaufman）的話：

> 如果從外部的敘述形式來判斷，那麼乍看之下，馬克思是最大的唯心主義哲學家，而且是德國意義的、亦即壞的意義的唯心主義哲學家。但是其實，在經濟學批判的事業上，他是他的所有前輩都萬難望其項背的實在主義者（Realist）……。無論如何都不能稱他為唯心主義者。（ibid.）

馬克思認為這個評論非常「中肯」（treffend），並且聲稱：這位書評者所描述的他的方法，正是「辯證的方法」。（*MEW*23:27）顯然，即使是在最「科學」的著作裡，馬克思不僅絕沒有放棄「德國的、而且是壞意義上的德國的」唯心論，反而確實是以它來當作「真正科學的」鋪陳法的。

其二，在《政治經濟學批判》（1859）的〈序言〉裡，馬克思簡略地敘述了他從哲學轉向政治經濟學的經過，其中提及了幾本著作：他自己的（1）《黑格爾法哲學批判》（1844），[3]（2）《關於自由貿易問題的演說》（1848, *MEW*4:444-58），（3）《哲學的貧困》（1847, *MEW*4:63-182），（4）《薪水勞動》（1849）；[4] 恩格斯的（5）〈國民經濟學批判大綱〉（1844, *MEW*1:499-524），（6）《英國工人階級狀況》（1845, *MEW*2:225-506），以及他與恩格斯合寫的（7）《共產黨宣言》（1848, *MEW*4: 459-93），與（8）本書。

> 為了解決那些曾困擾我的疑惑，我寫的第一本著作是對黑格爾法哲學的一個批判性的修正（Revision），這本書的〈導論〉曾發表在 1844 年巴黎出版的《德法年鑑》上。我的研究得出這樣的結果：法的關係和國家的形式一樣，都既不能從它們本身出發來掌握（begreifen），也不能從所謂

---

[3]　該書在馬克思生前並未出版，手稿收入 *MEW*1: 201-333。該書之〈導論〉刊於《德法年鑑》（1844），收入 *MEW*1:378-91.

[4]　收入 *MEW*6:397-423。據馬克思自述，「這本書的印刷由於二月革命和我因此被迫離開比利時而中斷。」（*MEW*13:10）據 1891 年恩格斯所寫之導論，該書在此之前已有許多單行本或小冊流傳。

人類精神的普遍發展出發來掌握，反而，它們毋寧根源於物質的生活關係，這種物質的生活關係的總和（Gesamtheit），黑格爾按照 18 世紀的英國人和法國人的先例，概括為"市民社會"（bürgerliche Gesellschaft），而對市民社會的解剖則要在政治經濟學中去找。……

自從弗里德里希·恩格斯（在《德法年鑑》上）發表了他批判經濟學範疇的天才大綱以後，我就與他不斷通信交換意見。他從另一條道路（參看他的《英國工人階級狀況》）得到了和我一樣的結果，而當 1845 年春他也滯留布魯塞爾時，我們決定共同來把「我們的觀點（Ansicht）」與「德國哲學的意識型態的觀點」的對立給闡明清楚，其實 [也就] 是把我們從前的哲學良心給清算一下（abzurechnen）。這個心願是以「批判後黑格爾哲學」的形式來實現的。兩本厚厚的八開本的手稿早就送到了威斯法倫（Westphalen）的出版所，後來我們才接到通知說，由於情況改變，不能付印了。既然我們已經達到了我們的主要目的——自己弄清楚問題，我們就很樂意把手稿留給老鼠的牙齒去批判了。在我們當時從這方面或那方面向公眾表達我們觀點的各種著作中，我只提出恩格斯與我合著的《共產黨宣言》和我自己發表的《關於自由貿易問題的演說》。我們觀點中一些有決定意義的論點，在我 1847 年出版的針對蒲魯東的著作《哲學的貧困》中，第一次作了科學的、雖然只是論戰性的提示（angedeutet）。我用德文寫的關於《薪水勞動》一書，匯集了我在布魯塞爾德意志工人協會上對於這個問題的講演，這本書的付印由於二月革命和我因此被迫離開比利時而中斷。（*MEW* 13:9-10）

在這段引文中，（1）《黑格爾法哲學批判》這部可能被阿圖色認為還是以「自由－理性主義的人本主義」（Althusser 1977: 223f）或「人的本質」（ibid.:227）為基礎的著作，不僅並沒有被馬克思本人排除在他的「轉向」或「過渡」之外，反而，正是這部（哲學？）著作，開啟了馬克思的「唯物論翻轉」或「政治經濟學轉向」。（2）馬克思所提的幾本著作，都是 1840 年代，即前所謂他的「轉折期」的著作。其中雖然本書（當時、而且在馬克思與恩格斯生前，都

沒有命名、遑論出版）被用了許多文字描述，但是馬克思既沒有給本書特別突出的評價（它只是用來讓自己弄清楚問題，所以不出版也無所謂），而且本書的論點，馬克思也非常清楚地建議：它們可以在其他已出版的著作中找到。這樣，本書應該就未必能被單獨突出成為馬克思思想轉折的「定冠詞的」（*the*）標竿，反而似乎應較適當地被視為「其中之一」。

不過，也正是在前面所列舉的幾本書中，透露了一些玄機。

本書是馬克思與恩格斯在大約 1845-46 年間合寫的、也是兩人在 1844 年巴黎訂交之後，繼 1844-45 年出版的《神聖家族》（*Die heilige Familie*）後，第二部（或最後一部）合寫的著作。[5] 與後者不同的是：第一，本書並非由馬克思與恩格斯各自撰寫若干篇章後集成，而（似乎）是由兩人共同撰寫。[6] 第二，本書並未完成、並未出版，[7] 甚至書名也並未確定。這或許是因為：本書其實並非由一個設想完整的寫作計畫而來，而是由於《神聖家族》出版之後，並沒有得到預期的重視，反而，《韋剛德季刊》（*Widgand's Vierteljahrsschrift*）第三卷（1845）刊出了兩篇布魯諾（Bruno）與史蒂納（Stirner）的文章，[8] 這些文章對《神聖家族》嗤之以鼻、不屑一顧，因而引起馬克思與恩格斯之憤慨，決心與此輩斷絕關係，於是針對這些青年黑格爾派一一加以駁斥。這些駁斥文章逐漸擴大、深入，浸然有一發不可收拾之勢，於是，原本可能只是對「《神聖家族》之批判」的回應或再批判，現在成了一本專書。（Cf. 鄭文吉，2010: 57-111）只是，這本專書始終沒有取得一個系統的形式。

換言之，本書其實在某種程度上可以被視為《神聖家族》的「續篇」：不僅討論範圍幾乎一致，而且寫作時間也相距無幾。但是，有趣的就是：當馬克思在十多年後回顧自己的思想歷程時，對已出版的《神聖家族》隻字不提，反而一本未出版、未完成的著作，卻用了許多文字追憶。這其間是否有什麼道

---

[5] 其後尚有（1）1848 年馬克思恩格斯兩人聯名發表之《共產黨宣言》（*Manifest der kommunistischen Partei*）。但據恩格斯〈卡爾·馬克思〉一文，該《宣言》應被視為「馬克思一個人的作品」。（*MEW*16: 363）（2）1877、1878 年初版、1885 再版的《反杜林論》（*Anti-Dühring*）。該書之「第十章」據恩格斯說，就是馬克思寫的。關於此書及馬克思於其中之角色，cf. 孫善豪，2009: 3ff。

[6] 全書手稿幾乎都是恩格斯的筆跡。此外可能尚有赫斯（Hess）與魏德麥爾（Weydmeyer）之參與。

[7] 雖然有若干篇章已以文章形式獨立出版。Cf.*MEW*3: 548N.

[8] Bruno Bauer, "Charakteristik Ludwig Feuerbachs", Max Stirner, "Recensenten Stirners", in: *Wigand's Vireteljahrsschrift,* 1845, Bd. 3, Leipzig 1845.

理？

　　以「常理」（commom sense）度之，僅僅在一兩年間就完全地改變了對事物的「觀點」（Ansicht），這是頗難以想像的（因為這毋寧需要較長時間的醞釀）。但是短期間選擇或發明了另外的「說法」（Darstellung）來把某些事情「說出來」（dar-zu-stellen），這倒是完全合乎情理的。本書之於《神聖家族》，情況可能就是如此。亦即，馬克思與恩格斯似乎是試圖在《神聖家族》提出了許多論戰式的、甚至情緒性的激烈批評之後，要以更精確、更為系統性的「說法」，來把他們的主張說得更明確。而由於對馬克思來說，「對現實作科學的鋪陳」愈來愈成為他日後專心致力之所在，所以，本書的這種異於《神聖家族》的努力與企圖（雖然它們因為外在因素而未能完成），才使得他在十餘年後回憶起來的時候，不是回憶起已出版的《神聖家族》，而是本書。

　　本書確實首倡了（initiiert）若干命題或概念，它們不僅有其確定內容（亦即其「概念性」Begrifflichkeit），而且也在馬克思後來的著作中重現身影。例如「不是意識規定生活，而是生活規定意識」（本書 p.25），就在 1859 年《政治經濟學批判·序言》裡重新表述為：「不是人們的意識規定人們的存在，相反，是人們的社會存在規定他們的意識。」（*MEW*13:9）或是「自由聯合起來的個人」（本書 p.82），則在《資本論》裡表述為「自由人聯合體」（*MEW*23:92）、而「無產者的佔有，則必須使一大群生產工具臣服於每一個個人之下」（本書 p.88）則被表述為「『社會生活過程』的樣貌（Gestalt）、即『物質的生產過程』的樣貌，如果要揭開它自己的神秘面紗，那麼它就必須作為『自由地組成社會』的人之『產物』、而處於他們『有意識的而合於計畫的控制』之下。」（*MEW*23: 94）⋯⋯等等。

　　凡此，都多少說明或證明了本書在馬克思思想發展或轉折中的關鍵位置。但是，值得注意的是：這種說明或證明，都是以馬克思後來的政治經濟學批判為根據，才「由後往前」（*MEW*23:89）得出的。反過來說就是：若干在本書中所發展出來的概念，未必在馬克思後來的思想發展中取得重要的或明顯的位置。但是或許也正因為如此，所以它們之在本書中的（某種意義上「橫空出世」式的、獨立的）出現，才使得本書格外引起後學者的注意。關於這些概

念，為了避免引起太過廣泛的爭議（這其實也是本譯本的原初目的），在此只提出兩點，一是「共產主義」，一是「唯物史觀」。

（1）本書最常被引用的，可能就是關於「共產主義」的一段非常形象的描述：

> 在共產主義社會裡，[1] 每個人都並沒有一個封閉的活動範圍，反而可以在隨便哪個部門裡發展；[2] 社會調控著普遍生產，並且正因為如此而使我有可能今天做這個、明天做那個，上午當鞋匠打獵、下午當園丁捕魚、傍晚當演員放牧，晚飯後批判，一概隨我興之所至，而不必各（je）變成獵人、漁夫、牧人或批判家。（本書 p.38）

這段描述常使讀者以為：共產主義就是可以讓我無條件地「上午 xxx」、「下午 xxx」，「一概隨興之所至」。似乎共產主義就是「我想做什麼就可以任意做什麼」的意思。以致，它的反面問題就是：如果某件工作（例如收垃圾、清糞便⋯⋯）沒人想做，則怎麼辦？（這種說法常被用來反對這樣被理解的共產主義。）但是，這種以「任意」為前提的、「無政府主義式的」解讀，其實忽略了本段的開頭：「社會調控著普遍生產，並且正因為如此而使我有可能⋯⋯」。換言之，個人之所以可以「任意地」上午做這個、下午做那個⋯⋯，其實並非（個人主義意義下的）「任意的」，反而是「有前提的」：以「社會調控普遍生產」為前提。而這個「社會調控」，實亦即「計畫」或「有意識的控制」，或甚至（後來被汙名化了的）「計畫經濟」之謂。這也就是本書中所謂的「只有在共同體中，『人的自由』才是可能的」。（p.77）這個道理其實也並不複雜：首先，如果「共產主義」就是讓每個人任意地去做自己喜歡做的事、而無須任何「社會的」前提，那麼這與資本主義何異？而這種任意，其結果豈不也就正是「一些人的自由」和「另一些人的不自由」之間的對立、亦即兩個「階級」（兩「類」人）之間的對立？因此，其次，很清楚的是：沒有「社會的」前提（簡言之，社會的調控、計畫經濟），那麼每個個人的「任意」就只是一種假象（以表面的自由掩蓋實質的不自由）。反之，若要使每個

人的任意成為「實際的」，那麼，「社會的」前提（有意識的控制、非任意）也就是必要的。前者可能只是使得每個人的自由都用來滿足他自己的肉體生存；後者才可能使得每個人都在生存無虞的情況下發揮他的自由。（這也是《1844 經濟學哲學手稿》「異化勞動」的主旨。Cf. *MEW*EB1:510ff）

　　恩格斯對於這種關係可能（和當前一般台灣大眾一樣）掌握得還不是很好，因此他在一開始落筆寫作的時候，還寫的是「上午當鞋匠、下午當園丁、傍晚當演員」。鞋匠、園丁、演員，其實也都還是「職業」。似乎，對當下的恩格斯來說，「當園丁……」等等，就已經是「當獵人……」等等的「反面」了：我可以「不當獵人、而當園丁」。可能是在馬克思的提醒之下，（而且加入了「批判」的「工作」──以「批判家」為「工作」或「職業」，多少有點諷刺的意味──後），才使恩格斯把各種名詞的「職業」改成了動詞的「打獵、捕魚、放牧、批判」，亦即以「活動」代替了「職業」。這種「替代」，其實也就是恢復了人的「自主性活動」，或者說，「自由」的主動地位。

　　此外，值得注意的是：馬克思當然是一位共產主義者。但是他卻在著作中甚少（如果不是完全沒有）像這裡一樣去形象地描繪共產主義。即使本書中馬克思最完整的書寫，就是關於共產主義的部分。（本書 p.39-40）但是在那裡，馬克思所論述的，其實主要就是共產主義的「條件」。甚至，在寫完了一大段「這種異化……」之後，還是要利用狹小的空白處寫下：[9]

　　共產主義對我們來說不是一個應該被確立的<u>狀態</u>，不是一個「現實」（*Wirklichkeit*）所要去瞄準的<u>理想</u>。費爾巴哈我們稱為共產主義的，是那種實踐地揚棄目前狀態的實際的（*wirkliche*）運動。我們只要寫這個運動的~~條件要由目前的現實性本身來判~~✗✗是由目前現有的前提中產生出來的。（本書 p.39）

　　這個「共產主義不是理想、不是狀態」的「警語」，幾乎是對於任何像前

---

[9]　這個「寫完之後又在狹小的空白中寫」的先後關係，正是要看到「手稿原貌」後才會知道的。此或亦本譯本的些許貢獻之一。

面「打獵、放牧……」那樣「對理想狀態的描繪」的嚴峻拒絕。而在把共產主義定位為「實際的運動」後，馬克思也不是（像一個「搞運動的人」通常會很自然地）接著談「運動的策略」，而仍然是（像一個「理論家」一樣）談運動的「條件」。這種「探究條件」的思考方式，毋寧是馬克思作為一位「批判的思想家」的特色所在。而它也與唯物唯心之爭、或是所謂「唯物史觀」息息相關。

（2）一如很少描繪共產主義，馬克思也絕少使用「史觀」（geschichtliche Auffassung, 或 Geschichtsauffassung）、「唯物史觀」（Materialistische Geschichtsauffassung）這些概念。但是這些概念確實是在本書中首先提出的。（本書 p.32, 46…etc.）。可能由於本書中提出了財產制度發展的幾個階段（本書 p.16ff），加上馬克思後來在《政治經濟學批判‧序言》中提及了「亞細亞的、古代的、封建的和現代資產階級的生產方式」等幾個「可以看作是經濟的社會型態演進的幾個時代」，（*MEW*13:9）以至於後來的馬克思主義者紛紛試圖為這種「史觀」填充「確定的」內容：不僅例如考茨基（K. Kautsky）試圖以此概念為名寫成專著，[10] 而且例如史達林，也以此名目「欽定」了「歷史唯物論」（相對於「辯證唯物論」作為普遍理論）的五階段論。[11] 以致後來各種「庸俗的馬克思主義」都以「唯物史觀」為其基本。

但是，只要閱讀本書，一定就會知道：所謂「史觀」，即使在恩格斯的說法裡，它的「作用」也「只是考察歷史、簡化歷史材料的整理、指出歷史材料的各個層次之間的順序」，而「絕不——像哲學那樣——提供一個配方或圖式，好據以刪改各個歷史時期。」（本書 p.26）換言之，所謂「史觀」，在馬克思或恩格斯那裡，重音都不讀在「史」，而在「觀」（或「唯物觀」）：它並不是針對「歷史」、甚至也並不是從歷史中歸納出某些法則（以便據此宣稱自己是「科學的」）。反而，「觀」之所以為「觀」，在於一種方法論上的反省，亦即反對以唯心論的方式去理解世界，反而主張以唯物論的方式。

---

[10] Karl Kautsky, *Die materialistische Geschichtsauffassung*, 1988: Berlin.

[11] 即原始共產、奴隸、封建、資本主義、社會主義。這是史達林在《辯證唯物論與歷史唯物論》裡提出的公式，後來成為 1938 年出版的《聯共（布）黨史簡明教程》的教科書說法。

所謂「唯物」與「唯心」，一般教科書式的說明可能愈說愈糊塗。馬克思在後來的《資本論》第一版裡的一段話（但在第二版之後被改寫、刪除了），可能反而更為簡單清楚：在價值形式的「等價物」身上，會產生一種混淆或顛倒，即：

「感性－具體的東西」[彷彿] 只是「抽象－普遍的東西」之表現形式 [似的]，而非反過來：「抽象－普遍」是（gilt als）「具體的東西」之性質。（*MEGA*②II/5: 634.）

所謂「抽象－普遍」，實即「概念」（Begriff, concept）或「觀念」（Idee, idea），而「感性－具體」，則即是「物」或「質料」或「內容」（Material, material, matter）。因此，可以說：把「抽象－普遍」理解為「感性－具體」的性質，實即唯物論（Materialismus）；而反之，把「感性－具體」理解為「抽象－普遍」之表現形式，則即為唯心論（Idealismus）。在唯心論這裡，「感性－具體」主要充當「抽象－普遍」（或「概念」、「觀念」）的附屬物或工具，類似寄居蟹的殼：總是隨著寄居蟹本身的長大而被拋棄與擇取；在唯物論那裡，「抽象－普遍」（或「概念」、「觀念」）並沒有本身獨立的存在，反而只是「感性－具體」本身所具有的屬性。例如，中國歷史上的（周）天子、（秦之後的）皇帝、（民國的）總統、執政、（人民共和國的）國家主席⋯⋯等等，其實都有各不相同的性質，但是，由於它們共同的「最高統治者」的性質，所以往往會被歸為一類、成為「同一個」概念（當然，也可以就其各自的其他性質，把它們歸屬於不同的類、不同的概念）。以唯心論的方式，其實無法解釋「抽象－普遍」（或「概念」、「觀念」）究竟是怎麼出現的，以致它們常帶有神秘的性質（神秘甚或神聖常來自隱藏身世）；反之，以唯物論的方式，倒是很可以一步一步把「抽象－普遍」（或「概念」、「觀念」）的「出現」給解釋出來、並因而取消其神秘性的。只是，「行遠必自邇」！這「一步一步」，是一段艱辛的歷程：它必須從「腳下」開始，亦即從人的生活的最基本處開始，這就是「生產」，而且是「物質生產」。

這種「唯物論翻轉」，在本書中固然多次明顯地說明了，而且，在恩格斯把本書（或本章）命名為「唯心唯物觀點（Anschauung）的對立」時，更顯得有「畫龍點睛」之效。但是，〈費爾巴哈題綱〉可能更為明顯地提醒了這種對立。

〈題綱〉最為人所熟知的，當然是第 11 條：「**哲學家們只是各不相同地解釋了世界，重點在於：改變它。**」（本書 p.99）但是，如果只把這句話孤立地看，很可能會產生一種印象：彷彿馬克思有某種「反智主義」的傾向，以至於呼籲：「不要再說了！動手大幹一番吧！」但是如果馬克思確實有這樣的意思，那麼他又何必辛辛苦苦地寫作《資本論》呢？因此，即使這第 11 條膾炙人口，但是整個〈題綱〉的總綱領，可能還是必須在第 1 條裡找尋。在那裡，「唯心／唯物」的對立（分類）之間，被插入了另一組對立（分類）：「理論／實踐」，因而有了四種觀點：1. 理論的唯心論；2. 實踐的唯心論；3. 理論的唯物論；4. 實踐的唯物論。馬克思自己的立場當然是「實踐的唯物論」，而費爾巴哈的則被歸為「理論的唯物論」、黑格爾的是「實踐的唯心論」。至於「理論的唯心論」，則或許可以以康德為代表。這裡所謂的「理論／實踐」，主要是指：主體對待「對象」（無論是概念或感性對象）的方式，究竟是「旁觀」抑或「產生」。希臘文的「理論」，theoria, θεωρία，原本即是「觀看」之意；而「實踐」，praxis，πρᾶξις，則是「自由人」的行動。[12] 在馬克思的語脈下，它主要就是指「人類生活」。朱光潛曾經以一棵樹（古松）為喻，說明三種態度：1. 把這棵樹當對象來研究它的構造……等等，這是自然科學的、亦即理論的態度；2. 把這棵樹砍下來做成桌子，這是實踐的、利用厚生的、或道德的態度；3. 只是欣賞這棵樹的姿態……等等，這是審美的態度。（1980:4）用同樣的樹喻，則馬克思的分類可能不是三種，而只有兩種：研究樹的構造，當然是「理論的」態度；但是樹要由人種出來。人是如何種出樹的？這就是「實踐」的問題了。而且這個問題一定與（人的）歷史相關。例如：印度的棉花田、南美的咖啡林……，它們絕非「自然」的產物，反而是「人的」歷史（殖民歷史）

---

[12] 依據亞里斯多德，則在 theoria 與 praxis 之間，還有 poesis（ποίησις）。此處暫不討論。

的產物。正因為費爾巴哈沒有掌握到這種「[人的] 歷史的自然」與「自然的歷史」的同一（或在人類行動或活動上的統一），所以馬克思批評費爾巴哈「**不瞭解 "革命的"、"實踐－批判的" 活動的意義**」。（本書 p.96）所謂「革命、實踐、批判的」，在此，顯然指的是「全面的、完整的」，而相對於「片面的」、「主／客分離的」。而本書中恩格斯則寫下了：「當費爾巴哈是一個唯物主義者的時候，他那裡不出現歷史；而當他去看歷史的時候，他不是一個唯物主義者。」（本書 p.32）換言之，當把「對象」理解為「物」而非「概念」的時候，必須也同時不能把「主體」理解為「對象」之外的某種「旁觀者」，反而，主體與客體應該被理解成「同一個整體」的兩個不同方面：既不可能設想一個獨立存在於客體之外的主體，也不可能設想一個獨立存在於主體之外的客體。同樣的關係，其實也是「活動和思想」的關係：「沒有思維的活動和沒有活動的思維」（本書 p.37）其實都是意識型態。

　　這裡，可能又可以回到前面的「共產主義」。如前所述，本書中馬克思最完整的書寫，就是關於共產主義的部分。（本書 p.39-40）但是在那裡，馬克思所提醒的，其實主要就是共產主義的「條件」：「共產主義」並非（憑空想像的）「狀態」或「理想」，而是「運動」：這個運動的「條件」是從目前的狀態中提供出來的，或者反過來說：正是因為「目前狀態」已經為「共產主義」提供了條件，所以「共產主義」才直接有別於「烏托邦社會主義」（Cf. *MEW* 4, 489ff）——後者之問題毋寧也正在於割裂了理論與實踐。

　　無論如何，以上所有關於「共產主義」和「唯物史觀」……的問題，在本書裡，其實都只能有其「啟發式的」（heuristic）解答，而不能有「必然的」（apodictic）解答。因為，任何在本書中找尋必然解答的企圖，其實都會在兩個問題上觸礁：其一：本書手稿，幾乎都是由恩格斯書寫的：它們既無法被證明為馬克思的意思，則也就很難與馬克思前前後後的著作直接關聯起來、組成為一個有意義的整體；其二，雖然馬克思似乎曾經試圖對此部分手稿予以重新編寫，但始終並未完成，以致本書始終只停留在散亂的「手稿」形式。

本書之手稿，據馬克思說，是「兩本厚厚的八開本」。（*MEW*13: 10）[13] 它們在畢勒佛（Bielefeld）某書商的倉庫裡「被老鼠牙齒批判了」若干年後，回到了恩格斯手上。[14] 恩格斯雖然顯然整理過此手稿，[15] 但也沒有（能）將此書整理付梓。伯恩施坦（Eduard Bernstein）繼承了這份手稿。雖然對之加以編排，但也仍然未（能）編輯出版。之所以遲遲未能出版，實由於本書之第一部分「費爾巴哈」之各種編排未能確定之故。

‖ 二、手稿之總樣貌

概括而言，《德意志意識型態》之「I. 費爾巴哈」是由兩份手稿構成的（這應該是恩格斯或伯恩施坦的整理分類之結果）：其一是所謂「小（束）手稿」（kleines Konvolut），[16] 共 6 印張又 1 個「半印張」。另一是所謂「大（束）手稿」（großes Konvolut），共 15 印張又 2 個「半印張」；加上後來發現的「巴納頁」的兩個「半印張」，補足之後，總計 22 印張又 3 個「半印張」。[17] 兩份（束）手稿皆未裝訂。

「小（束）手稿」是不連續的散稿；「大（束）手稿」則較為連續，但又分為三部分。

所謂一個印張，就是大約 A3（或 8 開）大小的紙。不過大小手稿紙張尺寸並不一致（其詳細尺寸見下）、裁切亦不整齊。其中又有三個「半印張」，即大約 A4（或 16 開）的紙。每張全張紙都先從長面左右對折，成為大約 A4（或 16 開）大小（成為「右片」與「左片」，Blatt）。每張都正反面書寫，故各張有四頁（三個「半印張」則各兩頁）。書寫係從右片正面開始，然後翻寫

---

[13] 此「兩本八開本」應不包括「費爾巴哈」部分。因為此部分並未完成到可供出版的地步、因而並未交給出版社。可能馬克思在得知全書出版無望後，就停止此部分的修改了。

[14] 關於本手稿流傳過程，參見：鄭文吉，2010: 109ff。

[15] 例如本（大）手稿末頁之「I 費爾巴哈 唯物主義與唯心主義觀點的對立」，應即為恩格斯在馬克思過世後整理手稿時所寫下的。

[16] 魏小萍主張：為避免「大、小手稿」予人「尺寸不同」之錯覺，應將「小（束）手稿」稱為「散稿」。（2010: 12）

[17] 鄭文吉聲稱「大（束）手稿」有「17 印張和 1 張紙片」，（2010: 232）廣松涉則宣稱大束手稿「由 17 張手稿構成」，小束手稿「由七張……構成」。（2005:1-2）或皆有誤。

至反面、續寫至左爿反面、再翻至左爿正面。亦即各張之正面為 4th、1st 頁，反面為 2nd、3rd 頁。

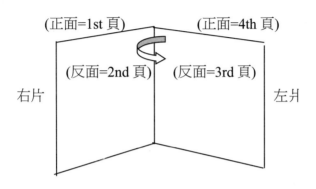

每頁又分成左右兩「欄」。各頁左欄，除少數例外，大概都是恩格斯所寫的「正文」；右欄則留予補充、註解等等之用。鑑於有三個「半印張」、以及若干張已分為兩片，為求能形象地表示出此種狀況，故採取以下之排列方式說明之：

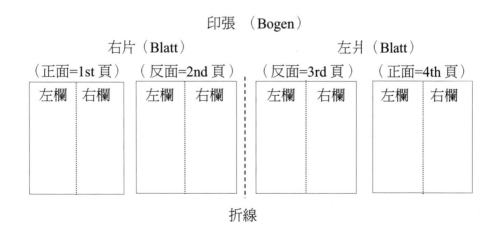

此外，各「印張」與「片」或「爿」大多有頁碼。此一頁碼編排方式有

四：

一、恩格斯就「印張」編碼，以阿拉伯數字（例如「1」）記於每張正面之右片（Blatt），即 1st 頁上方、左右欄中間。

二、馬克思將恩格斯之編碼劃掉另寫、或是直接塗改覆蓋，而以阿拉伯數字加右括號（例如「1)」）之形式，依次（右片正面、右片反面、左爿反面、左爿正面）記於各頁上方左欄與右欄中間。

三、伯恩施坦（E. Bernstein）以阿拉伯數字加底線（例如「1」）之形式記於各頁右上角（間或亦有記於左右欄中間者）。

四、國際社會歷史研究所（IISG）之檔案編號，原本以手寫方式（例如「A7/1」、「A7/2」）記於各頁右上方之欄外，後來將「A7」字樣劃掉，改以橡皮章「A11」蓋印。

《德意志意識型態 I. 費爾巴哈》之編輯與出版之所以困難，主要在於各個學者對於手稿編排順序乃至分類，存在許多歧見。但是，無論歧見多大，手稿原文，仍然必須是唯一可能的判準。鑑於本書手稿存於阿姆斯特丹的「國際社會歷史研究所」（IISG）、而該所已然對手稿每頁作了詳細的檔案編碼，故而最簡省之辦法，或厥為以 IISG 之編碼為經，而以各手稿之個別狀況（紙張大小、編碼順序……）為緯，將全部手稿別為小手稿（及零散稿＝巴納頁）（甲）－（己）六組，以及大手稿（子）－（寅）三組。

茲將全部手稿之編碼，依 IISG 之編碼順序，展示如下：

（甲）小手稿：「導論」——謄清稿

A11/1		A11/2
1　　1		2

（乙）小手稿：「**A. 意識型態本身，尤其是德意志意識型態**」──謄清稿

A11/3		A11/4	A11/5	A11/6
2	3	4	5	6

（丙）小手稿：「**I. 費爾巴哈**」＋「**1. 意識型態本身，特別是德國哲學**」──草稿

A11/7	A11/8	A11/9	A11/10
41	42	43	44
A11/11			A11/nicht

（丁）小手稿：殘篇（一）──謄清稿

A11/12		A11/13	A11/14	A11/15
3	7	8	9	10
A11/16		A11/17		
4	11	12	13	14

（戊）小手稿：殘篇（二）──謄清稿

A11/18	A11/19	A11/20	A11/21
5 45	46	47	48

（己）巴納頁

A11/21a	A11/21b
1)	2)

（子）大手稿

A11/22	A11/23	A11/24	A11/25
6b8) 49	6c9) 50	6d10) 51	6e11) 52
A11/26	A11/27	A11/28	A11/29
7 12) 53	13) 54	14) 55	15) 56
A11/30	A11/31	A11/32	A11/33
8 16) 57	17) 58	18) 59	19) 60
A11/34	A11/35	A11/36	A11/37
9 20) 61	21) 62	22) 63	23) 64

A11/38	A11/39	A11/40	A11/41
1Bauer 69	24) 70	25) 71	26) 72
A11/42	A11/43	A11/44	A11/45
1\ 27) 73	28) 74	29) （巴納頁）	

（丑）大手稿

A11/46	A11/47	A11/48	A11/49
20 75	30) 76	31) 77	32) 78
A11/50	A11/51	A11/52	A11/53
2\33) 79	34) 80	81	35) 82

（寅）大手稿

A11/54	A11/55	A11/56	A11/57
84 40) 83	41) 84	42) 85	43) 86
A11/58	A11/59	A11/60	A11/61
85 44) 87	45) 88	46) 89	47) 90

A11/62	A11/63	A11/64	A11/65
86<del>48)</del> 91	49) 92	50) 93	51) 94
A11/66	A11/67	A11/68	A11/69
87<del>52)</del> 95	53) 96	54) 97	55) 98
A11/70	A11/71	A11/72	A11/73
88<del>56)</del> 99	57) 100	58) 101	59) 102
A11/74	A11/75	A11/76	A11/77
89<del>60)</del> 103	61) 104	62) 105	63) 106
A11/78	A11/79	A11/80	A11/81
90<del>64)</del> 107	65) 108	66) 109	67) 110
A11/82	A11/83	A11/84	A11/85
91<del>68)</del> 111	69) 112	70) 113	71) 114
A11/86	A11/87		
92<del>72)</del> 115	116		

▌三、個別「印張」（或「半印張」）之樣貌

以下繼續從細部分別描述各組手稿之樣貌與狀態。[18]

（甲）小手稿：「導論」——謄清稿

此部分手稿為一個「半印張」（右片），紙張大小 319mm（高）× 199mm（長）。

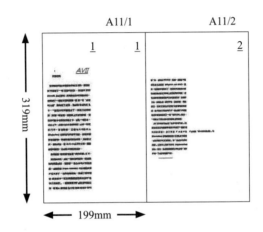

根據折痕判斷，本頁屬於印張之右片（1st & 2nd 頁）。應為小手稿（丙）第一部分（41-43 [A11/7-A11/10] 上部，I. 費爾巴哈，該處被劃掉之部分）之謄清稿。1 頁左欄上方有鉛筆字「AVII」，並加兩道藍色底線，或為 IISG 建檔時所加。

---

[18] 以下之手稿圖樣，為免版權問題，並便利讀者掌握，故皆依本譯本。

（乙）小手稿：「**A. 意識型態本身，尤其是德意志意識型態**」——謄清稿

此部分手稿為一印張，紙張大小為 316mm（高）× 396mm（長）。

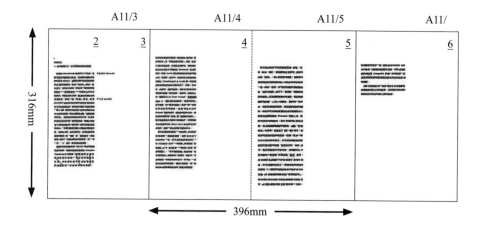

此印張損毀輕微。無佚文。本印張之尺寸與「丙」相同、而異於「小手稿」其他部分、但同於「巴納頁」（己）與「大手稿」之（子）。

（丙）小手稿：「**I. 費爾巴哈**」+「**1. 意識型態本身，特別是德國哲學**」——草稿

此部分手稿有兩印張，紙張大小為 316mm（高）× 396mm（長）。

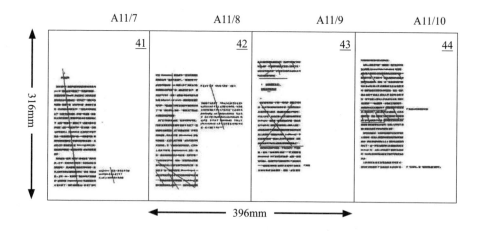

本張勉強相連。邊緣與摺痕皆有損壞。

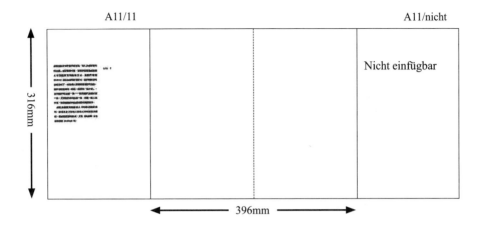

本張保存完整，無任何編碼，係梁贊諾夫（Rjanzanov）於 1923 年在伯恩施坦所存之恩格斯遺稿中發現，依紙質、書寫方式、墨色與文章脈絡而編入。（*Jahrbuch 2003*: 309）本張 4th 頁有鉛筆寫之「無可插入，Nicht einfügbar」，未明出自誰手。IISG 並未對中間兩空頁編檔。

（丁）小手稿：殘篇（一）──謄清稿

此部分手稿有兩印張，紙張大小為 319mm（高）× 398mm（長）。

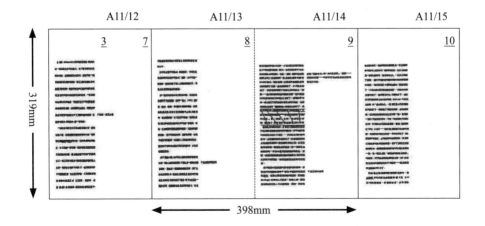

　　本張僅有輕微損傷，無佚文。第一頁的「3」，或為恩格斯之編張、或為後來伯恩施坦之編頁。但或以後者之可能性較高。

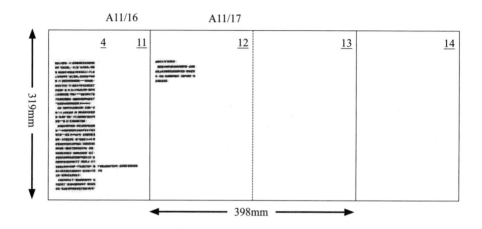

　　本張之左爿並無文字，但是伯恩施坦仍將之編頁為 13、14。IISG 並未對該兩頁編檔。

（戊）小手稿：殘篇（二）——謄清稿

　　此部分手稿為一印張，紙張大小為 319mm（高）× 398mm（長）。

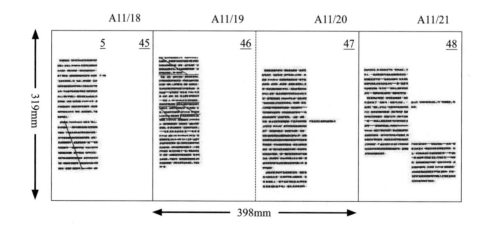

　　本張保存完好，無佚文。

（己）巴納頁 *1)-2)*

此部分手稿為一「半印張」，紙張大小為 316mm（高）× 198mm（長）。

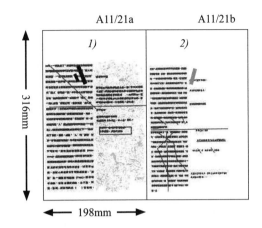

本爿下方毀損嚴重。無恩格斯之印張編碼，可能是一印張之左爿 3rd & 4th 頁，由馬克思編了頁碼 *1)* 和 *2)*。*1)* 頁左欄有長短兩道類似毛筆畫出的線條，並印透到次頁右欄（如標示）。

1962 年，巴納（Siegfried Bahne）在阿姆斯特丹國際社會歷史研究所（IISG）的檔案中發現了三頁（片）《德意志意識型態》之手稿，本爿即其中之一。據巴納所述，該三頁（片）手稿係與其他稿件裝於一個信封中，信封上註明「給國會議員伯恩施坦先生之印刷品」，而伯恩施坦又加以註明：「《聖瑪克斯》與其他長文，已於《社會主義檔案》（*Dokument des Sozialismus*）Bd III/IV 印出」之字樣。（Bahne 1962: 94）「本爿（Blatt）之所以特別有意思」，巴納說：「是因為馬克思在正面頁右欄填滿了各種符號、邊註和塗鴉。」（ibid., 94）這些不斷重複的人臉側像，據說畫的是費爾巴哈；並且，在圖像之間，除若干可以辨識的文字而予以重現外，尚有許多「費爾巴哈」字樣隱藏於圖像之間。巴納繼續說：「在後來又劃掉了的許多句子之後，在本正面頁與反面頁的上方，由恩格斯繼續寫了一段文字。反面頁由一條橫線隔開，下方的文字，是 *MEGA* I/5 第 75 頁 22 行到 76 頁第 6 行所載之 "II. 聖布魯諾" 章的開頭的 "原始版"。」（ibid., 94-95）

本爿之 IISG 編號原本為「A7/…」（手寫、未能分辨其編號），後來用斜

線劃去，重新編為「A7/21a」與「A7/21b」（手寫），此兩編號並未劃掉，但加印橡皮章「A14」，後又將印章「A14」以「✕」劃掉，改為手寫「A11」。（按：「A14」為「聖瑪克斯」部分之手稿檔案編號。）

（子）大手稿 6-11（恩格斯之印張編碼）；或 *8)-29)*（馬克思之頁數編碼），或 49-74（伯恩施坦之編碼），共六印張，各張皆為 316mm（高）✕ 396mm（長）。紙張規格與紙質均與「小手稿」之（乙）、（丙）相同。紙張發黃、摺邊與邊緣有磨損，但均無嚴重破損。

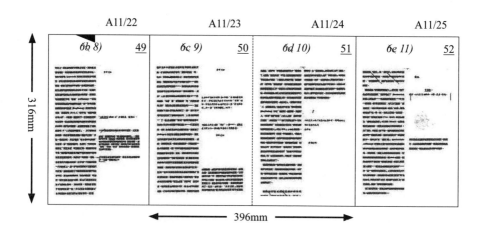

本張應該原本被恩格斯依「印張」編碼為「6」。馬克思應該是在「6」之後加了「b」，然後又劃掉，改寫「*8)*」。不過，在「b」與「8」字上（以及「6」左邊至本頁上方）都有墨水汙點（位置略如標示），不太能分辨究竟是有意塗掉或意外沾上。馬克思的編頁「*9)*」至「*11)*」直接改在原編碼上，故原編碼其實也不太容易辨識。唯「*11)*」所覆蓋者約略可以讀為「*e*」，或即可據此判定：前此各頁當為「*6b*」、「*6c*」與「*6d*」。伯恩施坦之編碼 51，因為該頁右欄有文，故記於文字之間。（馬克思所編之）「*11)*」頁或（伯恩施坦所編之）「52」頁之右欄，有一馬克思所畫的幾何圖形，其義未明。

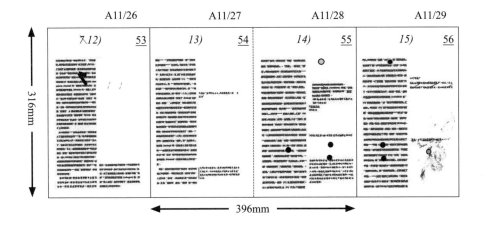

本張原本被恩格斯依「印張」編碼為「7」。馬克思以「12)」覆蓋。該頁左欄上方有兩道從左上往右下、有如國畫中用毛筆畫竹葉般的線條（如標示）。右欄上方有若干不清楚的線條，下方恩格斯的文字係由左下往右上斜寫。中間有馬克思所寫的算式「540+25=65」，意義未明。「15)」或「56」頁右欄，有恩格斯用紅棕色筆反著畫的人形：左手高舉帽子，右手執劍。馬克思在該人物右手加了一面旗子，上面寫著「宗教」。不過也有可能和「有著意識型態本身的德國人」一樣，是寫在人形圖案上的邊註。14)、15) 兩頁相對位置各有許多墨漬（如標示）。

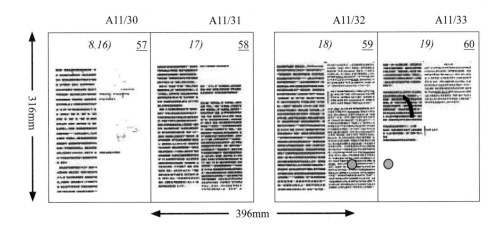

　　本張原被恩格斯依「印張」編為「8」，馬克思以「16)」覆蓋，但原「8」之字頭仍隱然可見。本張已完全分為兩頁。16) 頁右欄有恩格斯用紅棕色筆所畫的兩個人物側面像，據說上面的是費爾巴哈、下面的是赫斯（Moses Hess）。18)、19) 兩頁之相對位置有墨漬，19) 頁左欄有一類似毛筆刷過之線條（各如標示）。

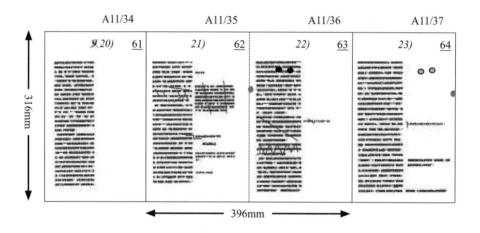

　　本張原被恩格斯依「印張」編為「9」，馬克思以「✕」記號刪除，另編為「20)」。22)、23) 兩頁相對位置有若干墨漬（如標示）。

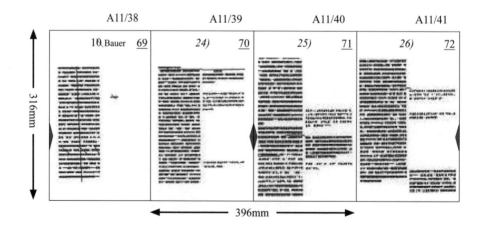

本張原被恩格斯依「印張」編為「10」，但由於整頁被劃掉，故馬克思將之劃掉而未予編碼（但以 Bauer 覆蓋），反而次頁才續編為「24)」。前者劃掉之文字，經部分修改後重抄於「聖布魯諾」之印刷稿中。（*Jahrbuch 2003*: 186）此外，該頁被伯恩施坦編為「<u>69</u>」，與前張之末頁「<u>64</u>」不連貫。由於少了四頁，故或許其中有一印張，是伯恩施坦認為應該插入的。本張幾乎分裂為兩頁。本張之摺邊（於各頁相對位置）有墨漬（如標示）。

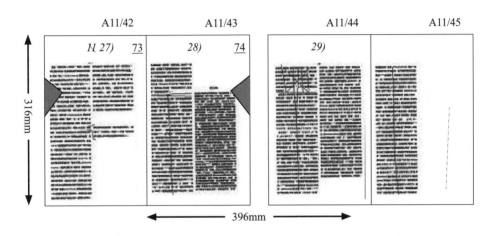

本張原被恩格斯依「印張」編為「11」，馬克思以「27)」覆蓋。本張已完全分為兩頁。並且應該是撰寫之初已然分為兩頁。因為手稿 27) 之左邊上方約 1/3 處與 28) 右邊相對位置處（如標示）各有一約略呈三角形之墨水汙損，而 29) 與次頁（即其反面）並無。此外，29) 頁左欄之刪除線，印透到了次頁右欄（上圖虛線）。

本張之左爿（即正面之「29)」與反面頁），與大手稿（子）一樣，為巴納（Bahne）於 1962 年所發現之三片手稿之一。[19] 該爿「原本是一篇由馬克思所修改、然後又刪去的文字，它又與 *MEGA* 第二章聖布魯諾第 84 頁（17-21，35-37 行）、85 頁（11-37 行）與 86 頁（1-29 行）所刊載之文字完全一致。後來恩格斯在前頁 [按指「28)」] 右欄以 "I. 費爾巴哈" 的標題，又寫了一部分

---

[19] 巴納所發現之第三片手稿，乃恩格斯（依印張）標記為「28」的一頁。該頁應為《德意志意識型態》「III. 聖瑪克斯」章之開頭（Bahne ibid.: 95），與本譯本較無直接關係。

文字，這些文字和 *MEGA I/5*（第一部第五卷）32 頁第五行以下之文字一致；
馬克思將本頁重新編為 29 頁」。（Bahne ibid.: 95）該頁右欄，係接續「*28)*」之
右欄，此段文字在 *MEW*3 中是付之闕如的。（S.42N）

（丑）**大手稿 20-21**（恩格斯之印張編碼）；或 *30)-35)*（馬克思之頁數編碼），
或 <u>75-82</u>（伯恩施坦之編碼），共兩印張，各張皆為 319mm（高）× 398mm
（長）。紙張規格與小手稿（丁）、（戊）一致，但紙質不同。紙張磨損輕微，
無佚稿。這兩印張或是從「聖瑪克斯」論「教階制」之章節的印刷稿中抽出來
的，以致該處之手稿反而不連續（*Jahrbuch 2003:* 174）。

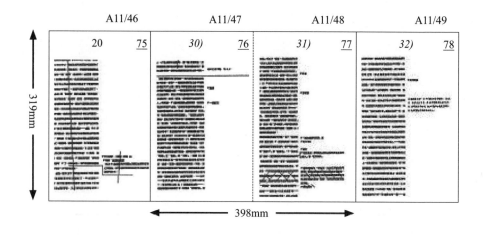

本張原被恩格斯依「印張」編為「20」，去上張相差八印張。但是馬克思
的與伯恩施坦的編碼則似乎連續。或因本頁全部被劃除，故馬克思並未對此編
碼有所更動，而是於次頁接續編碼為「*30)*」。印張編碼「20」左右欄以及次頁
「*30)*」上方所刪除的文字，可見於「III. 聖瑪克斯，1. 唯一者及其所有物，舊
約：人，5）教階制」。（*MEW*3:158-59）

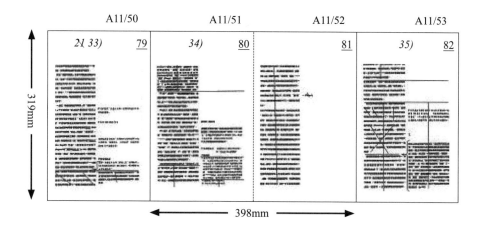

本張原被恩格斯依「印張」編為「21」，馬克思以「*33)*」覆蓋。各頁刪除的文字，後來由魏德麥爾（Weydmeyer）抄錄，載為「III. 聖瑪克斯，1. 唯一者及其所有物，舊約：人，5）教階制」。（*MEW*3:159-61）

（寅）大手稿 **84-92**（恩格斯之印張編碼）；或 *40)-72)*（馬克思之頁數編碼），或 83-116（伯恩施坦之編碼）。此部分手稿可能是從「聖瑪克斯，新約、社會作為市民社會」部分之印刷稿抽出來的。（*Jahrbuch 2003*: 174）此份手稿，若依馬克思之編頁，則去上部分缺 *36)-39)* 頁。恩格斯在《家庭、私有財產與國家之起源》一書中有如下一段話：「我在一份老舊的、由馬克思和我在 1846 年所寫的一份未刊的手稿中，找到一段話："第一個分工，是男女之間生小孩的分工。"」這段引文並未出現在現存的手稿中。（*Jahrbuch 2003*: 175）此段引文可能就是佚失的 *36)-39)* 中的文字。（ibid.）[20]

此部分手稿分為三種紙張規格：

（一）84-88（恩格斯之印張編碼），或 *40)-59)*（馬克思之頁數編碼），或 83-102（伯恩施坦之編碼）之五張，各張為 345mm（高）× 432mm（長）。由於紙張較大，故邊緣破損嚴重。

---

[20] 但是手稿 A11/29 有這樣一句近似的話：「分工起初只是性行為方面的分工。」

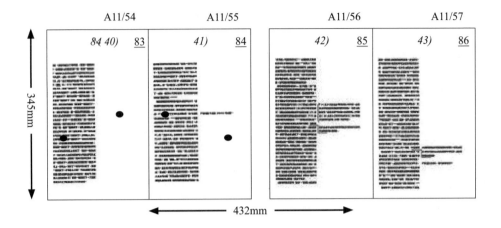

本張原本被恩格斯依「印張」編為「84」，馬克思將之劃掉，另於右方寫下「40)」。本張已完全分為兩片。40) 與 41) 兩頁相對位置有墨漬（如標示）。

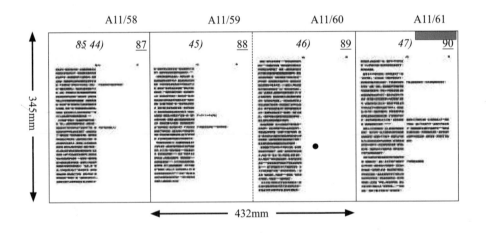

本張原本被恩格斯依「印張」編為「85」，馬克思將之劃掉，另於右方寫下「44)」。46) 頁左欄上方有裂縫，47) 頁相對位置有膠帶黏貼痕跡。46) 頁右欄有一墨漬。

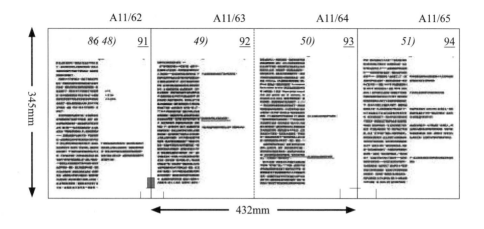

　　本張原本被恩格斯依「印張」編為「86」，馬克思將之劃掉，另於右方寫下「48)」。本張下方於各頁相對位置有破損，以致有若干文字佚失。48) 頁該處有膠帶黏補痕跡（皆如標示）。

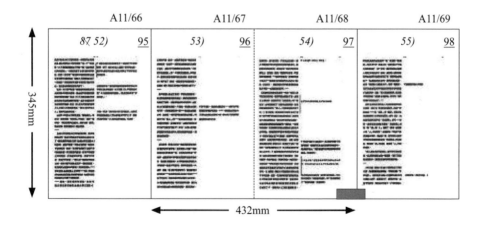

　　本張原本被恩格斯依「印張」編為「87」，馬克思將之劃掉，另於右方寫下「52)」。54) 頁右下角有膠帶黏貼痕跡（如標示）。

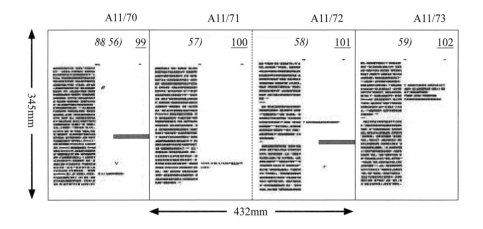

本張原本被恩格斯依「印張」編為「88」，馬克思直接以「56)」覆蓋其上。本張下方三分之一處有一裂縫。56) 頁右欄與 58) 頁右欄各有一透明膠帶黏貼痕跡。（如標示）。56) 頁左右欄中間，有恩格斯畫的類似「8」的右上、左下方向的兩個橢圓。56) 與 58) 頁右欄下方各有一「Ｖ」記號。

（二）89-91（恩格斯之印張編碼），或 60)-71)（馬克思之頁數編碼），或 <u>103-114</u>（伯恩施坦之編碼）之三張，各張為 313mm（高）× 396mm（長），保存較為完好，僅邊緣有輕微磨損。

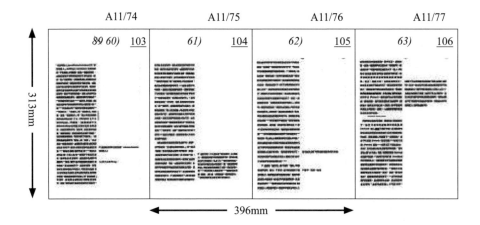

　　本張原被恩格斯依「印張」編為「89」，馬克思以「✖」記號刪除，另於右方寫下「*60)*」。本張已幾乎分裂為兩片。*61)* 頁右欄恩格斯的增補係由左下往右上斜寫。

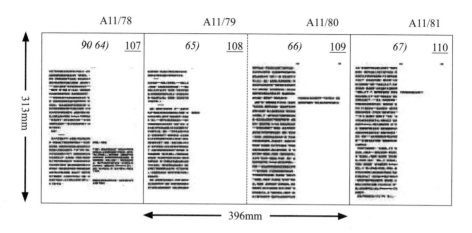

　　本張原本被恩格斯依「印張」編為「90」，馬克思將之劃掉，另於右方寫下「*64)*」。

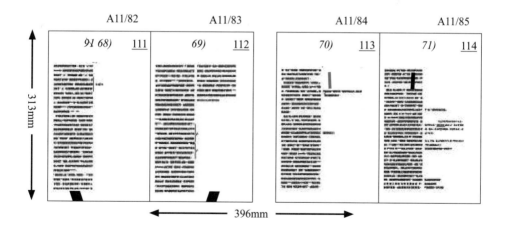

　　本張原本被恩格斯依「印張」編為「91」，馬克思將之劃掉，另於右方寫下「*68)*」。本張已完全分列為兩片。*68)*、*69)* 兩頁下方相對位置有墨漬。*71)* 頁左欄有一道墨漬，並印透於 *70)* 頁（皆如標示）。

（三）最後一張 92（恩格斯之印張編碼），或 *72)*（馬克思之頁數編碼），或 115 - 116（伯恩施坦之編碼），當為印張之右片（即 1st & 2nd 頁），313mm（高）×198mm（長）。破損嚴重。

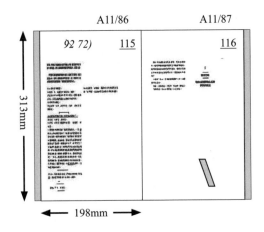

72) 頁左邊（即反面頁之右邊）破損，有透明膠帶黏貼痕跡（如標示）。
72) 頁左欄下方有一裂縫，於反面頁有透明膠帶痕跡（如標示）。

‖ 四、歷來／目前各種版本及其問題

對於如此複雜的手稿，曾有各種編排出版的版本。其第一次正式出版，在 1926 年，由蘇聯「馬克思-恩格斯研究所」（Marx-Engels-Institut）出版。而最近一次出版，則在 2004 年，由「阿姆斯特丹國際馬克思-恩格斯-基金會」（Internationale Marx-Engels-Stiftung Amsterdam）以《馬克思-恩格斯年鑑 2003》（*Marx-Engels- Jahrbuch 2003*）的形式出版。從 1926 到 2004 之七十八年間，本書有六種主要版本。茲臚列並說明如下：

1. *Marx und Engels über Feuerbach: Der erste Teil der* ***Deutschen Ideologie***, in D. Rjazanov（hrsg.）, *Marx-Engels-Archiv: Zeitschrift des Marx-Engels-Instituts in Moskou,* S. 203-306, Moskou, 1926.

此即通稱的「R 版」或「梁版」。

梁贊諾夫（D. Rjazanov）於 1920 年（在列寧支持下）成立了「馬克思-恩格斯研究所」（Marx-Engels-Institut），擔任第一任所長，並籌畫《馬恩大全集》（*Marx-Engels-Gesamtausgabe, MEGA①*）之出版。唯鑑於《德意志意識型態》「費爾巴哈」部分編排困難，故特別先以《馬克思-恩格斯-檔案》（*Marx-Engels-Archiv*）之形式，將此部分先行付梓。此版本將馬克思與恩格斯的修改、增補都納入正文之中，可算作對此部分手稿之初步鉛字化。

2. *Marx-Engels-Gesamtausgabe*（*MEGA①*）, I/5, Moskau, 1932.

此即通稱的「A 版」或「阿版」。

1931 年，馬恩研究所與列寧研究所合併，改為「馬克思-恩格斯-列寧研究所」，（Marx-Engels-Lenin Institut, IMEL），梁贊諾夫被解除所長職務，由阿多拉茨基（V. Adoratskij）繼任，並繼續 *MEGA①*的編輯。不過，阿多拉茨基和梁贊諾夫不同，具有較強的（所謂）意識型態取向。因此，與「梁版」（R 版）不同的是：1932 年的這個「阿版」（A 版）雖然將全書編輯出版，但在「費爾巴哈」這部分，並非忠實地重現手稿，反而將此手稿拆成了四十個左右的片段，並近乎任意地予以剪裁和編輯，以使得這部分看來似乎是一體系之作。此一作法雖然因為完全改變了本書的原貌、因而顯然在學術上極不妥適，甚至後來被廣松涉斥為「贗品」，但或許是由於 *MEGA* 的權威性，以致此後的各種通行版本都是以此版為準的，例如最為通行的德文本《馬克思恩格斯著作集》第三卷（*Marx Engels Werke*, Bd.3, *MEW*3），就基本上是根據此「阿版」（A 版）編輯的，而僅在一些小地方做了不同判讀。英文版的《馬克思恩格斯著作集》（*MECW*）第五卷與中文的《馬克思恩格斯全集》第三卷，也是依照此版翻譯的，而且，更糟的是：中文版是由俄文轉譯、再依德文校訂的，（Cf.《全集3》：741-42）因此失真程度更高。

3. *Neuveröffentlichung des Kapitel I des I. Bandes der „Deutschen Ideologie" von Karl Marx und Friedrich Engels*. in: *Deutsche Zeitschrift für Philosophie*, Jg. 14,

1966, S.1192-1254.

此即通稱的「B版」、「巴（巴加圖利亞）版」或「新德語版」。

此版之緣由，蓋因 1962 年，巴納（Siegfried Bahne）在阿姆斯特丹國際社會歷史研究所（IISG）的檔案中發現了三頁（片）《德意志意識型態》之手稿，並予公開。此即通稱之「巴納頁」（Bahne Seiten）。其中有兩頁應該 [據信] 是屬於 "費爾巴哈" 部分的。此一發現使得「阿版」（A版）的編排頓顯問題，因而揭露了它的任意性與不適當。於是 1966 年有以巴加圖利亞（G. A. Bagaturija）之俄文版為底的新編本〈德意志意識型態第一卷第一章之新刊〉，登載於《德國哲學雜誌》。此一版本收入了巴納所發現的手稿，並基本上依照「小手稿→大手稿」之順序，將全篇分為四（或五）個部分。但並未對增補、刪除以及馬恩筆跡等等做出說明。

中共中央編譯局於 1995 年出版之《馬克思恩格斯選集》（即所謂「第二版」）第一卷中所選錄的《德意志意識型態》〈第一卷第一章費爾巴哈〉，就是根據這個「B版」（「新德語版」）編輯的。不過，除了編排順序之改動外，譯文並無基本更動。

4. Karl Marx, Friedrich Engels, *Die Deutsche Ideologie*. Probeband für *MEGA*②, 1972.

此即通稱的「試刊版」。

*MEGA*①出版了十四卷之後，在 1940 年代因史達林的整肅而中斷。1960 年代末，蘇共（KPdSU）與德共（SED）中央的「馬克思主義-列寧主義研究所」（Institut für Marxismus-Leninismus）重新開始編輯工作，是為 *MEGA*②。

1972 年，《德意志意識型態》以「試刊本」（Probeband）的形式出版。這個版本首次還原了手稿原本「兩欄」的面貌，而將各種增補、刪除等等另加註釋。

由於這個版本印量有限，只寄給相關研究機構與學者，作為編輯 *MEGA*②正式版之徵詢意見之用，故而一個更新的、適用於一般讀者的版本，乃應運而生，此即廣松版。（*Jahrbuch 2003*: 18*）

5. Karl Marx, Friedrich Engels, *Die Deutsche Ideologie. Kritik der neuesten deutschen Philosophie in ihren Repräsentanten, Feuerbach, B. Bauer und Stirner, und des deutschen Sozialismus in seinen verschiedenen Propheten. 1. Band. 1. Abschnitt. Neueveröffentlichung mit text-kritischen Anmerkungen.* Hrsg. von Wataru Hiromatsu, Tokio, 1974.

這是由日本學者廣松涉所編輯的版本，亦即通稱的「廣松版」。該版以日文與德文兩冊發行，並已有中譯本《文獻語境中的〈德意志意識型態〉》（彭曦翻譯，張一兵審訂，南京，2005。）

這個版本的特色，據稱是「以一目了然的方式出版」（中譯本 p.2），亦即：每一頁手稿的左欄與右欄都儘量分別以一單獨頁來刊印，並以不同字體標示馬克思與恩格斯之筆跡。不過，由於廣松涉並不是根據手稿（甚至可能應該並未真正看過手稿）、而是根據各種已有版本進行判讀與編輯的，因此引起頗多質疑：廣松版其實並非如其宣稱將手稿予以再現，而只是對各種版本予以重新編輯、以使之具有手稿之樣子而已。此外，廣松涉對手稿編排順序有其自己一套獨特的假設，例如主張 {3}a –{4}a-b（即 A11/12-A11/17）就是 [35] - [40]（即{21}d-{84}a 或 A11/53-A11/54）之間所缺的四頁，而「巴納頁」則被當成附錄，等等。這也引起了一些爭議。

6. Karl Marx, Friedrich Engels, Joseph Weydemeyer, *Die Deutsche Ideologie. Artikel, Druckvorlagen, Entwürfe, Reinschriften, Fragmente und Notizen zu I. Feuerbach und II. Sankt Bruno.* In *Marx-Engels-Jahrbuch 2003*, Bearbeitet von Inge Taubert und Mans Pelger unter Mitwirkunge von Margret Dietzen, Gerald Hubmann und Claudia Reichel, Berlin, 2004.

此一版本（簡稱為 *Jahrbuch 2003*）分為「正文 Text」與「工具 Apparat」兩冊，並且延續了 *MEGA*②試刊版將正文（基本上）每頁分為左右兩欄的形式。差別在於：此版本不再採取「邏輯-系統的建構」的方式，而係依寫作順序來排列手稿，（*Jahrbuch 2003*: 20*）並且因為以寫作順序編排，故所收手稿亦不限於通稱的「大束／小束手稿」，而亦旁及相關手稿。由於《德意志意識

型態》本來就不是一時一地、有系統的著作，故而依寫作之時間排列，無異是將全書的理論脈絡予以支解、而將之還原為純粹的「文件」了。

經由以上簡述應可看出：這六種版本之間，主要的差異是「排序問題」與「排版問題」。（韓立新，2008: 131）。而就中文世界來說，問題中又多了一個「翻譯問題」。

1. 排序問題：「費爾巴哈」部分之所以會有排序問題，首先是因為它由許多零散手稿組成。這些手稿，如前所述，又分為大小兩束。大束手稿雖較為完整，但也分為三或四組，各有連續編碼（此連續性又因為有恩格斯、馬克思與伯恩施坦三種頁碼，因而也有疑義），但各組彼此又並不連續。而小手稿則不僅全無連續性，且又有草稿、謄清稿之參差（詳細樣貌之描述見前）。因此，單單是要把小手稿置前或置後、小手稿之謄清稿與草稿孰先孰後、或是草稿是否要編入，可能就可以有編輯上的許多爭論了。何況馬克思還在各頁右欄做了一些標註，例如「歷史」、「費爾巴哈」等等，似乎是重新編輯的指示；若干右欄增補文字又並無明顯插入位置。而佚失的文稿，尤其巴納所發現的手稿第 *1)*、*2)* 頁，究竟該放在哪個位置（此廣松涉之主要問題之一）？諸如此類。凡此，皆使本書有著「排序問題」存在的空間。

對此問題，有兩個極端的解決方式。「阿版」（A 版）是對「排序問題」的一個解決極端，亦即將全文打散、予以重新編排，而此後的幾個版本，幾乎都可以看成是對這種排序方式的回應。後者之關鍵幾乎都在於避免編者之任意、而儘量回歸手稿之原貌。但是此「回歸原貌」究竟應回歸到何種程度，則涉及手稿「原貌」究竟如何。

Jahrbuch 2003 版對此問題的解決達至了另一極端，亦即完全剔除「邏輯-體系性之建構」的考量，而另依寫作年代予以排列。然而，首先，要依一定的體系來重新編輯本書，必須預設一個既定的體系，亦即對馬克思-恩格斯思想的一種（成體系的）特定解釋。但是這個「特定解釋」，目前看來，還不存在。反之，要依寫作順序來編排各手稿之先後，其實也只能根據種種推斷（甚至臆測），而無法有最後定論。其次，任何一個理論工作者都可以在自己創作

過程中經驗到：「體系」是在「歷程」（或寫作過程）中逐步出現和完善的，以及，反過來，「歷程」（或寫作過程）是以「體系化」為標的的。因此，作為一部未完成著作，本書不可能達至完全的「體系化」；但是反過來，本書也不可能在剔除「體系化」的考量下（居然還能）還原其本來面目。

2. 排版問題：上述「排序問學」如果要得到一個「解決」（雖然未必可能），則各個編排者至少不能出於任意，反而必須以本書之手稿為根據。例如，如果要像「阿版」（A 版）那樣編出一個「歷史」的小節，那麼就必須以例如手稿「A11/25」右欄馬克思寫的「歷史」一字為根據。不過，第一，「歷史」字樣也只出現在這裡；第二，這個出現在右欄看似標題的字眼，其左欄卻是從「A11/24」至「A11/25」幾列被刪除的文字：

> 如果我們在這裡還在較詳細地談論歷史，那麼這只是因為：德國人習慣於用「歷史」和「歷史的」這些字眼來想像所有可能的東西，但就是不想像現實的東西。"說教有術的" 聖布魯諾就是一個鮮明的例證。

從「左欄文字被刪除」此一事實來看，則馬克思「歷史」一字究竟是指示另立一節曰「歷史」，抑或是提醒「歷史」不能單獨談論呢？

而作為「歷史」一小節開頭之「要和這些『無前提的德國人』打交道……」（「我們遇到的是一些沒有任何前提的德國人……」，《全集 3》：31。）以下之左欄，其右欄卻有馬克思另外的加註：

> 黑格爾。
> 地質、水文等等的條件。人體。需要，勞動。

如此，馬克思對於「無前提的德國人」，究竟在意的是「歷史」抑或各種「地質、水文、人體、需要、勞動」等「非歷史」（？）的條件呢？而經常被引用的一段文字：

我們僅僅只知道一門唯一的科學，即歷史的科學……（A11/9）

但是這段文字卻是被劃掉的。這個「劃掉」究竟是什麼意思？究竟是馬克思與恩格斯認為有必要在他處做更詳細的討論，抑或他們認為此一表述有問題呢？

當然，在 A11/30，馬克思在費爾巴哈人頭素描旁寫了一串數字：11、12、13、14、15、16，似乎指涉頁數、以致這幾頁似乎被馬克思當作一個整體，而「*11）*」右欄開頭也確有「歷史」一字。但是否就能依此確定：馬克思想要另立「歷史」一節？甚且：如前所述：即使馬克思想要另立「歷史」一節，這個「歷史」究竟是什麼意思？

這些細微的、從而可以引起爭議的、甚至不可能有標準答案的「排版問題」，可能都不是能輕易解決的，是則「排序問題」其實也就更無法解決了。

此外，更進一步，如果「排版問題」要得到解決（雖然未必解決得了），則至少手稿的原貌必須公諸於世、對所有研究者開放，使所有研究者都可以很方便地有一客觀依據來對此「排序問題」作所主張，然後才可能在學術社群討論中形成某種「排版」的彼此諒解同意。但是，就目前各種（前述六種）版本而言，則實在並未臻此。

即以目前為止（號稱）最能重現本書原貌之「廣松版」與「*Jahrbuch 2003* 版」而論，則：

1）廣松版雖「號稱」以各頁手稿為準，但是

1-1）單雙面之排版，其實仍不足以顯示出原手稿之樣貌（原手稿之左右欄是並列於一頁而非分列左右頁的）。

1-2）原本右欄的增補文字，多半已被編入左欄，然後以各種記號說明。如此，讀者可以知道的只是：這段文字出現在手稿的某一頁，但是這頁手稿本身是什麼樣？卻是讀者仍然不知的。

2）*Jahrbuch 2003* 版，雖以兩欄方式重現原稿，但是

2-1）原手稿之各頁並未被單獨列出，亦即：並不是以手稿之各頁為準，而是以出版本為準，依段落順序標列出手稿各頁。如此，則「兩欄」的排列方式，其實對於「手稿」之原本樣貌，並無意義。

2-2）和廣松版一樣，也把原本右欄的增補文字直接插入左欄中，然後以各種符號或註解說明；而對於各種修改，也是以符號或註解說明。如此就難以明顯看出插入與修改的痕跡。

2-3）且其複雜的編排方式與註解符號，使得讀者必須有一個大桌面、攤開兩本書、然後不斷翻閱並伸出手指一一細數比對，才能略窺究竟。該版本首先將所有劃去的較大部分（Text mit Erledigungsvermerk）歸為八個，各有編號，剔除於正文（Text）之外，而收入於工具（Apparat）之中。其次，（剩下的）正文，大致依「大手稿→小手稿」之順序排列。第三（最麻煩的），在 Apparat 部分，就刪除部分與正文，分別列出「產生與流傳」（Entstehung und Überlieferung，亦即對手稿之描述）、「修改」（異文，Varianten）、「校正」（Korrekturen）和（編者之）「說明」（Erläuterungen，實即註釋）四種說明與註解。這種複雜的編排方式，和其他 *MEGA*②各卷（Text 與 Apparat 兩冊式的編輯方式）一樣，固然減少了只想讀（由編者編輯過的）原文的讀者之麻煩，但同時也增加了好奇想知道（未經編者編輯前的）原文的讀者之許多麻煩。

換言之，目前各種版本，其實都只是以某種複雜的文字編排方式，敘述了手稿，但是都沒能形象地或直觀地提供出此手稿之全貌（或原貌）。

這種對手稿原貌的某種程度的「隱藏」，可能才正是本書各種爭議的根源。

3. 翻譯問題：即使「排序問題」可以經由「排版問題」之解決而得到解決（雖然未必可能），但是對於中文讀者來說，仍有一個有待跨越的問題：翻譯問題。

如前所述：中文版的《德意志意識型態》（《全集 3》）是由「阿版」（A 版）的俄文本轉譯而來的。其中一個明顯的誤譯是：把

Das Bewußtsein kann nie etwas Andres sein als das bewußte Sein.

意識（das Bewußtsein）除了是 有意識的存在 （das bewußte Sein）之外，永遠不能是別的什麼東西 。（A11/19）

一句譯成了

意識在任何時候都只能是被意識到了的存在。（《全集 3》：29）

「有意識的存在」和「被意識到了的存在」的意義是完全相反的：前者的「存在」是有意識的、從而是主體、是人；後者的「存在」是被意識的、因而是客體、是對象、是物。

之所以有此相反意義的譯文，或許是因為：一方面，德文 "te" 結尾通常有被動的意思，因此 bewuß"te" 也就似乎是「被」意識的了。另一方面，或許因此，也或許是因為文法問題，俄文的譯本不是將此句譯為 "Сознание [das Bewußtsein] никогда не может быть чем-либо иным, как имеющим сознание [das bewußte] бытием [Sein]"，而是譯為 "Сознание никогда не может быть чем-либо иным, как осознанным бытием"。其中 "сознание" 是「有意識的」，而 "осознанным" 則是「被意識到」的意思："осознанным бытием" 就是「被意識到的存在」。[21]

但是，德文的 "bewußt" 一字，無論如何都沒有被動義。恩格斯（或馬克思）在這裡，一如在許多地方，其實只是玩了個文字遊戲：把 Bewußtsein（意識）拆開來，變成了兩個字：bewußt 和 sein，加上冠詞和形容詞字尾變化以及動名詞字首大寫，就成了 das bewußte Sein：有意識的存在。這個文字遊戲，也只有德文才玩得出來。例如英文就無法把 consciousness 有意義地拆成 conscious ness，反而只能譯成 conscious being。不過，英譯本的 *German Ideology* 將此字譯為 conscious existence："Consciousness can never be anything

---

[21] https://www.marxists.org/russkij/marx/1845/german_ideology/02.htm. 本句俄文，感謝俄羅斯朋友安德（Armais Ananyan）之解釋。

else than conscious existence"，[22] 雖然以 "existence" 譯 "Sein" 未必準確，且完全失去德文的趣味，但至少，"conscious" 一字並未變成被動義。

同樣的意思，在下一頁表達為：

把意識僅僅看作……<u>他們的</u>意識。（A11/20）

換言之，意識不能脫離人，反而，它必須被看成人的函數或功能、被看成「人的意識」。如果撇開人不談，則「意識」就會顯得彷彿是獨立的似的、從而成為「意識型態」了。這種顛倒的關係，是馬克思與恩格斯屢屢致意的。但是在「意識就是被意識到了的存在」這個誤譯下，卻完全無法看出這種顛倒關係、從而使中文讀者的理解大受阻礙。

同樣的問題，也出現在：

這裡，人和羊的區別只在於：他的意識代替了他的本能，或者說他的本能是一種有意識的（ein bewußter）本能。（A11/28）

而中文版的翻譯是：

這裡人和綿羊不同的地方只是在於：意識代替了他的本能，或者說他的本能是被意識到了的本能。（《全集3》：35）

類似這種翻譯問題，不可謂不大。但是迄目前為止，各種中文譯本，至少在上述這些句子的翻譯上，全都是以訛傳訛的。

又如 "Vereinigung"（A11/73），這個字固然是「聯合」之意，但是恩格斯在這裡使用了（不合一般文法的）介詞über，寫為 "Vereinigung...... über diese Bedingungen"，這樣，"Vereinigung" 就不宜理解為「聯合」，反而應理解為「同

---

[22] https://www.marxists.org/archive/marx/works/1845/german-ideology/index.htm

意」了。如果不區分這兩個意思，那麼「關於這樣一些條件的必然聯合」就不可解了。（應譯為：「對於這些條件的一致同意（Vereinigung）」。

此外，例如 Eigentum 究竟是「財產制」或「財產」或「私有財產」？Vermögen 究竟是「能力」或「財產」？……等等。（魏小萍，2010: 248ff）這些用語，一方面涉及德文本身的歧義性問題，一方面也涉及當時德國思想家使用語言的習慣。凡此，都增加了中文翻譯的困難。

另一個可能常引起爭議的字：bestimmen。它的英譯通常是 "determine"。而它本身的詞性變化則有形容詞或副詞的 bestimmt、名詞的 Bestimmung 或 Bestimmheit 等等。這個字被馬克思與恩格斯大量使用。雖然它很可以被理解為「因果關係」中的「決定」的意思，但是，如果掌握或熟悉了前文所謂馬克思那種「探究條件」的「批判式思考」，那麼，應該就可以理解：馬克思（但未必是恩格斯）在使用此字時，指的其實主要都是（如果不全部是）條件關係。（Cf. 孫善豪，2009：145ff）另一個意義類似的字：bedingen，意思與用法也都相若。關於這部分，其實也不只是「翻譯」問題（中文無論如何都未必能有完全精準的翻譯），而是「理解」問題。因此，最好的做法，厥為附上原文。

總合以上，則排序問題須以排版為前提方能解決，而所謂排版問題，實即將手稿以原本形式再現的問題。特別對中文世界來說，則這個問題又是一個較完善的中譯本的問題。

▌五、本譯本之特色與限制

（一）本譯本之特色

如果前此之版本都是以「如何編排」（無論是排序或排版）為前提的，那麼，本譯本就是以另一個前提出發的：不編排。

在此前提下，本譯本

1. 將「排序問題」置為開放問題或未決問題。亦即並不對手稿之排序提出任何主張，而是將手稿依 IISG 之編碼，逐一列出。並且此一編排，絕不意

味理論或撰寫之先後順序，反而只是意味：手稿之現有檔案編碼，應作為所有相關爭論之基礎。

2. 將手稿之每一頁，皆依其原貌予以再現。亦即：並不像過去各版以手稿遷就印刷版，反而是以印刷版遷就手稿。如此，則往後所有對於手稿之討論，皆可有一較為客觀且統一的根據，而免除了查校上的繁瑣。

由於這種排版方式是一創舉，故不妨更詳細地加以說明如下：

1) 原本左右兩欄之形式完全予以保留，亦即：所有原本出現在右欄的文字（包括增補、修改等等）都不會出現在左欄，反之亦然；

2) 各頁文字之排列位置、起始與結束處等，儘量與手稿一致；

3) 所有刪節、增補、加重、引號……等等，皆依原形式，例如：以直線、橫線或斜線槓掉的段落、以「F」或「✖」作為增補符號、畫底線強調……等等，皆保留原貌；

4) 以細明體和標楷體區分恩格斯與馬克思之筆跡。

凡此，皆庶幾使讀者不需借助太多特殊編輯符號，就可以對手稿之原本面貌有一直觀的掌握。這一點做到後，若干關於寫作順序或「何人所寫」的問題都可以有一解決之基礎。例如 A11/31 之右欄，顯然是馬克思先插入了「或批判的批判家」一語之後，恩格斯才加入了「正是由於『特殊利益』和『共同利益』之間的這種『矛盾』……」一段（因為這段文字繞著「或批判的批判家」而寫），然後馬克思又對此段加了一些文字。或是 A11/32 之右欄，馬克思的增補文字分為三段，第一段接續前頁的右欄，第三段「✖這種「異化」……」應該寫於前述文字之後，然後又在兩段之間加了「共產主義對我們來說不是……」一段，因為此段寫到最後遇上已寫就的第三段「✖這種「異化」……」，已無空間，只好寫到本頁右欄最上方。又或者，A11/40 左欄正文，「例如，某一時期……力量」一小段，是馬克思的筆跡，而恩格斯的筆跡是前後接續寫的。可見，寫作手稿時，極有可能是兩人同時在場的。

3. 在翻譯問題上，本譯本根據 *Jahrbuch 2003* 對文字之判讀，將手稿予以重新翻譯。

（二）本譯本之限制

唯，本譯本亦有難以完全再現手稿之處：

1. 原手稿之紙質與尺寸不一、各張皆有程度不一的破損、墨漬，以致文字難以判讀（如第三節之描述）。此等「原貌」，是本譯本在技術上難以完全再現的。這部分，可能需要讀者在閱讀時自行以想像力予以補充。

2. 本譯本雖已儘量做到將所有刪改都予以譯出的地步，但是有些文字刪改其實（因涉及文法問題而）無法翻譯（例如將 des 改成 der 之類），或是某些句子之幾次改寫過程，即所謂寫作之「層次」問題，本譯本亦無法在「一個」平面上完全展示，反而只能儘量顯示、並於必要處以註釋說明，甚至略而不顧。因此讀者若對照手稿原件，必會發現：原手稿中若干增補文字之順序與本譯本顛倒（遇此情形將以註釋說明）、手稿原件中若干刪改，並未出現在本譯本中……等等。總之，此等「失真」情況，概由於中文德文之差異，實非任何故意或任意之結果。

至於本書德文原文之還原，其實已有國際團隊從事，本譯本就從略了。

無論如何，本譯本應該已大致做到：將此部分之手稿本身予以「中文化」及「印刷體化」，以致當一位中文讀者閱讀本書時，他所讀到的，就是手稿本身了。甚且，對一位具有大學程度以上的讀者來說，如果願意，他大可以依自己的判斷玩起自己的排序遊戲了。如果本手稿可以以愈簡單的（而非專家的）方式接近，則本手稿的參與者就會愈為增加，而其客觀性也就會因而更為確定。果能如此，則本譯本亦差堪為馬克思思想之研究略盡棉薄之力矣！

▌參考文獻

1. 縮寫

GPR= G.W.F. Hegel, *Grundlinien der Philosophie des Rechts*, Berlin, 1981.

MEGA②= *Marx- Engels-Gesamtausgabe*, Berlin, 1983ff.

MEW= Karl Marx und Friedrich Engels, *Marx Engels Werke,* Berlin,1986ff. 其後數字
為卷期，冒號後為頁數。

Jahrbuch 2003= Karl Marx, Friedrich Engels, Joseph Weydemeyer, *Die Deutsche Ideologie.*
Artikel, Druckvorlagen, Entwürfe, Reinschriften,Fragmente und Notizen zu I. Feuerbach und II.
Sankt Bruno. In Marx-Engels-Jahrbuch 2003, Bearbeitet von Inge Taubert und Mans
Pelger unter Mitwirkunge von Margret Dietzen, Gerald Hubmann und Claudia
Reichel, Berlin, 2004.

2. 其他文獻

中共中央編譯局

    1960 《馬克思恩格斯全集》第三卷，北京：人民出版社。

    1995 《馬克思恩格斯選集》第一卷，北京：人民出版社。

朱光潛

    1980 《談美》，台北：台灣開明書店。

廣松涉（彭曦譯，張一兵審訂）

    2005 《文獻語境中的〈德意志意識型態〉》，南京：南京大學。

韓立新（主編）

    2008 《新版〈德意志意識型態〉研究》，北京：中國人民大學。

鄭文吉（趙莉等譯，張一兵審訂）

    2010 《德意志意識型態與 MEGA 文獻研究》，南京：南京大學。

魏小萍

2010 《探求馬克思：〈德意志意識型態〉原文文本的解讀與分析》，北京：
人民出版社。

孫善豪

2009 《批判與辯證：馬克思主義政治哲學論文集》，台北：唐山。

2010 〈康德哲學與社會主義〉，收入《東吳政治學報》vol.28, No.1，台北：
東吳大學。

Althusser, Louis,

1977 *For Marx*, London: Verso.

Bahne, Siegfried,

1962 "Die deutsche Ideologie' von Marx und Engel's. Einige Textergänzungen", in *International Review of Social History*, Vol.VII, ,Part I.

3. 網路資料

https://www.marxists.org/russkij/marx/1845/german_ideology/02.htm

https://www.marxists.org/archive/marx/works/1845/german-ideology/index.htm

編譯凡例

編譯字體與符號等之說明

1. 字體：凡細明體與德文正體皆恩格斯筆跡，標楷體與德文斜體（*italic*）則為馬克思筆跡。其餘由馬克思或恩格斯所標註之符號等，則以註釋說明。

2. 引號：西式引號" "為原文之引號；中式引號「」係譯者為便利閱讀所加。

3. 括號：圓括號（ ）基本上為原文所有，但亦有因翻譯所需而由譯者加入者；方括號 [ ] 基本上為譯者補入，但在若干附帶原文的情況下，則會成為次引號，如「搞成（!）（machen [!]）」

4. 書名號《 》為譯者所加。

5. 加重號（底線）、插入號（✖ 與 *F*），皆依原文。

6. 破折號：前後雙破折號基本上為譯者用以翻譯子句或插入句。段落間或段落開頭或段落結尾之破折號，為原文所有。

7. 編碼：

   (1) IISG 之編碼，以 A11/1、A11/2 標示於框外右上角。

   (2) 恩格斯之編碼，依手稿原貌，以正體標示，如 7、8 等。

   (3) 馬克思之編碼，依手稿原貌，以斜體加右括弧標示，如 *8)*、*9)* 等。

   (4) 伯恩施坦之編碼，依手稿原貌，以正體加下標線標示，如 7、8 等。

   (5) 各頁右下角標明該頁之左右片爿正反之位置，例如「右片正面=1st 頁」。

   (6) 各頁左下角，註明該頁於 *Jahrbuch 2003*（縮寫為 *JB*）、德文版《馬克思恩格斯著作集第三卷》（*Marx Engels Werke*, Bd.3, 縮寫為 *MEW*3）、中文版《馬克思恩格斯全集第三卷》（縮寫為《全集 3》）與第二版《馬克思恩格斯選集》第一卷（縮寫為《選集 1》）四個通行版本之頁碼（即冒號 [:] 後標註之阿拉伯數字）。其中 N 表示註釋。

德意志意識型態　I. 費爾巴哈

Deutsche Ideologie I. Feuerbach

原始手稿

Urmanuskript

I.

Feuerbach.

原始手稿 A11/21a

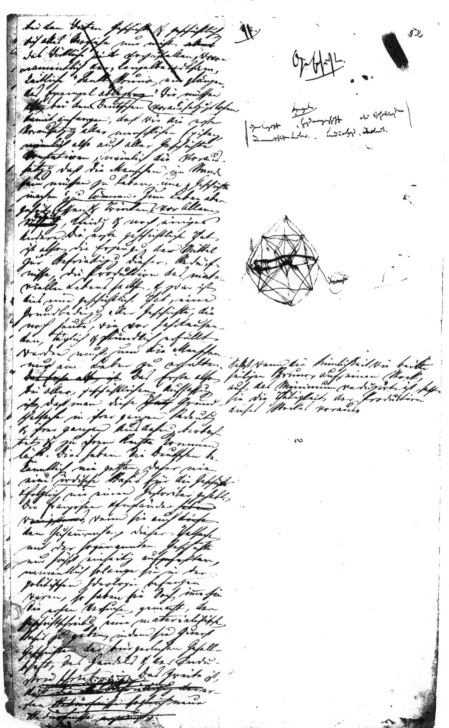

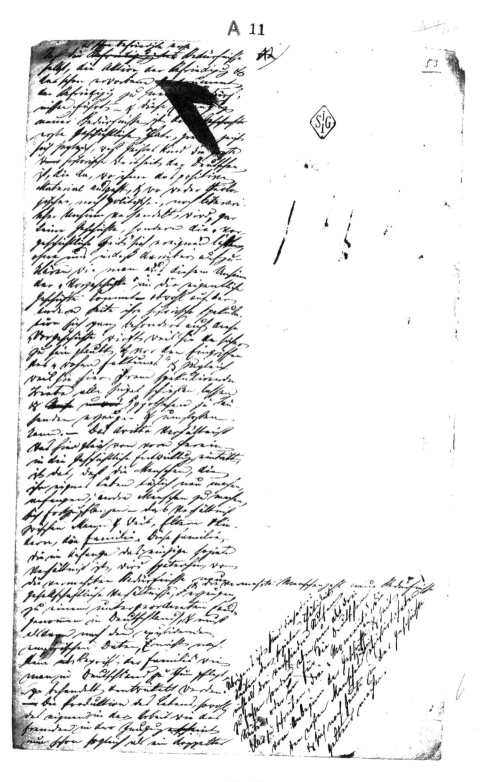

原始手稿 A11/29

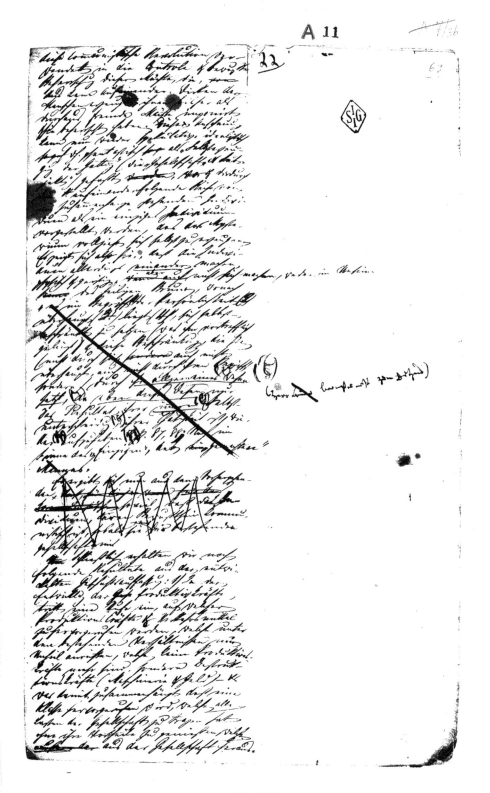

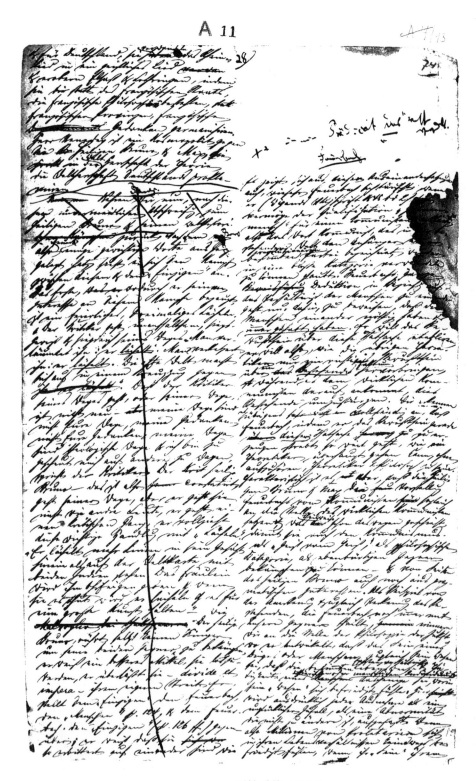

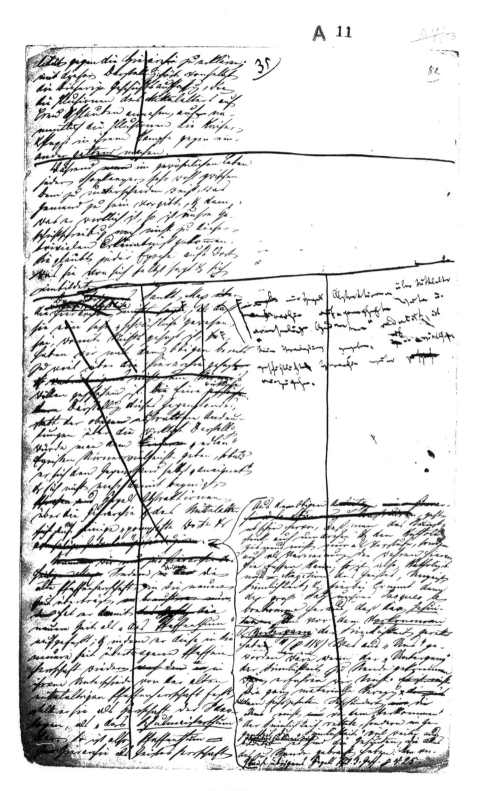

<u>1</u>   <u>1</u>

I.

<u>費爾巴哈</u>[1]

　　正如德國的意識型態家們[2] 所宣告的，德國近幾年經歷了一場空前的變革。（以施特勞斯 [Strauß] [3] 為濫觴的）黑格爾體系的腐爛過程，發展成了一個世界性的騷動，而把所有「過去的力量」都給牽拖了進來。在這個普遍的混亂中，一些強大的王國建立了，以便又立刻傾覆；群雄一時並起，以便馬上又被更勇敢、更強悍的對手丟回到黑暗之中。[4] 這是一場革命，相形之下，法國大革命直如兒戲；這是一場世界鬥爭，在它面前，亞歷山大的繼承人（Diadochen）[5] 之間的鬥爭微不足道。原則與原則相互排擠、思想英雄們紛至沓來，其速度之快，前所未聞。在 1842-45 這三年之間，德國清掉的東西，比通常的（sonst）三個世紀還多。

　　所有這些，大概 [據說]（soll...haben）都是在「純粹思想」中發生的。

　　但無論如何，這是一個有趣的事件：絕對精神的腐爛過程。當最後一點生命的火花熄滅後，這個殘渣（caput mortuum）[6] 的各個組成部分就分解了，它們重新組合，形成了新的實體[7]。那些迄今一直以剝削絕對精神維生的「哲學工業家們」，現在都撲向了這些新的組合物[8]。每個人都竭盡所能地推銷他所分得的

那一份。沒有競爭可不行。起初，這種競爭還相當循規蹈矩（bürgerlich und solide）。後來，當德國市場轉移了（überführt war）[9]、而即使再怎麼努力也無法使商品在世界市場上受到青睞的時候，勾當就按照德國慣常的方式而敗壞了（verdorben wurde），[其方式是]：大量生產仿冒品[10]、降低品質、原料不實、偽造商標（Verfälschung der Etiquetten）、買空賣空、空頭支票以及毫無現實基礎的信用制度。競爭變成了殘酷的鬥爭，而這個鬥爭現在卻被吹噓（angespriesen）和構築成了一個「世界史[11]的」變革、一個產生了無比重大成果和成就的東西。

為了正確地評價這種「哲學的市場叫賣」（它甚至在正直的德國市民胸中喚起了一種舒暢的民族情感）、為了揭露 *F* 小家子氣（Kleinlichkeit）和地域狹隘性，尤其是為了揭露「這些英雄們的真正功績」和「對這些功績的幻想」之間令人哭笑不得的（tragikomischen）對比，所以，就必須從德國以外的立場，來好好看一下這整場喧囂吵嚷。

F 這整個「青年黑格爾運動」的

<u>2</u>　　　　　　　　　　　　　　　　<u>3</u>

I

<u>費爾巴哈</u>

<u>A. 意識型態本身，尤其是德意志意識型態</u>

~~在德國（Deutschland）所進行的~~ *F* 批判，直到它最近的種種努力為止，都從沒有離開過哲學的基地（Boden）。這個批判不僅遠遠沒有研究過自己的哲學的「普遍－哲學的」前提，而且甚至：它的全部問題，都是在一個特定的哲學體系——黑格爾體系——的基地上才成長起來的。不僅是它的回答，而且連它所提出的問題本身，都有一個「神秘」在焉。~~儘管（obwohl）~~ *F* 這些新的批判家們都斷言自己已經超出了黑格爾哲學，但是為什麼其中沒有任何一個人曾經（哪怕只是試圖）對黑格爾體系進行全面的批判呢？理由就在於這種「對黑格爾的依賴」。他們與黑格爾之間的爭辯，以及他們相互之間的爭辯，都只侷限於：每個人都抓出了黑格爾體系的一個方面，而用它來反對整個體系，一如用它來反對別人所抓住的其他方面。起初抓出的，還是純粹的、未加偽造的黑格爾的範疇，如"實體"和"自我意識"，但是後來，卻用了一些較為世俗的名稱如"類"、"唯一者"、"人"[12] 等等，來褻瀆這些範疇。[13]

從施特勞斯到施蒂納（Stirner）[14] 的全部德國哲學的批判，都侷限於對<u>宗教</u>想像（<u>religiöse</u> Vorstellungen）的批判，這種~~批判宣稱自己是使世界脫離一切苦厄的絕對救世主。宗教~~總是被當作這些哲學家們所厭惡的一切關係的最終原因、

F 德國的（*deutsche*）

F 既然（*so sehr*）

4

當作死敵來看待和處理。宗教想像 他們
從「現實的宗教」和「究竟意義的神學」
出發。至於什麼是宗教意識、什麼是宗教
想像，那要到後來才會各有其不同的規定
（bestimmt）。其進步在於：即使（auch）那
些據稱佔統治地位的形上的、政治的、法
律的、道德的以及其他種種的想像
（Vorstellungen），也（auch）都一律被納進
宗教或神學想像的領域裡了；同樣：政治
的、法律的、道德的意識，都被宣布為宗
教的或神學的意識，而政治的、法律的、
道德的人們，總而言之（in letzter Instanz），
"定冠詞的（den）人"，則被宣布為宗教
的。「宗教的宰制」成了預設。每一個宰
制關係，都被一步一步地宣布為宗教的關
係，並被轉化為崇拜（Kultus）：對法的崇
拜、對國家的崇拜等等。到處涉及的都只
是「教義」和「對教義的信仰」。世界在
愈來愈大的規模內被聖化了，直到最後可
敬的聖瑪克斯（Sankt Max）[15] 完全把它宣
布為聖物，從而一勞永逸地把它葬送為止。

老年黑格爾派[16] 只要把「一切東西」都
還原成黑格爾的一個邏輯範疇，他們就理
解了（begriffen）一切。青年黑格爾派[17]
則批判了一切，其方法是：宣布「一切東
西」都降屬於「宗教想像」之下，或者宣
布「一切東西」都是「神學的東西」。「青
年黑格爾派」完全同意「老年黑格爾派」
所相信的：宗教的、概念的、普遍的東西，
宰制著現存的世界。只不過，一派認為這
種宰制是篡奪，因而大加撻伐，另一派則
認為這種宰制是合法的，因而大加讚賞。

<u>5</u>

既然對這些青年黑格爾派來說，想像、思想、概念，總之，（被他們獨立出來的）意識的這些「產物」，是人們真正的桎梏，正如老年黑格爾派把它們說成是人類社會的真實紐帶一樣，那麼，當然，青年黑格爾派只要對抗這些「意識的幻想」就行了，~~而改變「佔統治地位的意識」就是他們所努力的目標~~。既然根據他們的幻想，人與人的關係、他們的所有作為、他們的桎梏和限制，都是他們意識的產物，所以青年黑格爾派就完全合乎邏輯地向人們提出道德的設準（Postulat）[18]，要用人的、批判的或利己的意識，[19] 來代替他們當前的意識，並由此而排除他們的限制。這種「改變意識」的要求，就產生了 [另一個] 要求：對現存的東西作另外的詮釋，亦即，藉由一個另外的詮釋來承認它。青年黑格爾派意識型態家們儘管滿口所謂 "震撼世界的" [20] 思想 詞句，但其實是最大的保守派。如果他們之中最年輕的一輩宣稱：只要對抗 "詞句" [21] 就好，那麼他們就為他們的行動找到了正確的表述。只不過他們忘記了：~~現實的世界仍舊無所改變~~ [1] 他們只是把這些詞句當作詞句來反對；[2] 如果他們只是對抗「世界的詞句」，那麼他們根本就沒有在對抗實際的現存世界。這種哲學批判所能帶來的唯一結果，

<u>6</u>

是對基督宗教作一些（而且還是片面的）
宗教史的說明；他們所有其他的主張，只
不過是對他們的宣稱（Anspruch）作進一
步的修飾：用這些無關緊要的說明來提供
具有世界史意義的發現。

　這些哲學家沒有一個想到要去問問德
國哲學和德國現實之間的關聯、問問他
們的批判和他們自己的物質環境之間的
關聯。

<u>41</u>

I.

費爾巴哈

正如我們的 德國的意識型態家們所保證的 宣告的，德國近幾年經歷了一場前所未聞的空前的變革。（以施特勞斯 [Strauß] 為濫觴的）黑格爾學派 體系的腐爛過程，發展成了一個世界性的騷動，而把所有"過去的力量"都給牽拖了進來。在這個普遍的混亂中，一些強大的王國建立了，以便又立刻傾覆；群雄一時並起，以便馬上又被更勇敢、更強悍的對手丟回到黑暗之中。這是一場革命，相形之下，法國大革命直如兒戲；這是一場世界鬥爭，在它面前，亞歷山大的繼承人（Diadochen）[22] 之間的鬥爭微不足道。~~一個原則排擠另一個、一個思想英雄~~ 原則與原則相互排擠、思想英雄們紛至沓來，其速度之快，前所未聞。在 1842-45 這三年之間，德國清掉的東西，比最近幾個 通常的（sonst）三個世紀還多。

所有這些，大概 [據說]（soll...haben）都是在「純粹思想」中發生的。~~世俗的外在世界，當然是對此毫無經驗的，因為整個 震撼世界的事~~件，基本上都只是建立在絕對精神之「~~解體~~ 腐爛過程」上的xx。當最後一點生命的火花熄滅後，這個殘渣（caput mortuum）的各個組成部分就分解了，它們重新組合 形成了新的

但無論如何，這是一個有趣的事件[23]

xx 婚禮和報喪人都少不了

作為偉大的解放戰爭的殘餘[24]

A11/8

42

實體（Substanzen）[25]。那些迄今一直以剝削絕對精神維生的「哲學工業家們」，現在都撲向了這些新的組合物。每個人都當然試圖 ~~F 推銷掉 從~~ 他所分得的那一份 裡搞出最多的東西。由此產生了競~~爭~~。沒有競爭可不行。起初，這種競爭還相當循規蹈矩（bürgerlich und solide）。後來 ，當德國市場轉移了（überführt war）、~~則伴生了憤怒，並變成了一個鬥爭，~~而即使再怎麼努力也無法使商品在世界市場上[26]受到青睞了，則所有以（mit）仿冒~~（Scheinproduktion）~~武器與 Erbi... 的鬥爭

並忍氣吞聲地（u. obligater Erbitterung）

F 竭盡所能地、並從他人那裡，無宣告

而這個鬥爭現在卻被描繪（geschildert）和構築成了一個「世界史[27]的」變革、一個產生了無比重大成果和成就的東西。

為了 ~~正確地評價~~ 清楚地（anschaulich）認識這些「哲學的吹牛大王（Renommistereien）」（他們吵鬧的宣告甚至在正直的德國市民胸中喚起了一種舒暢的民族情感）、為了清楚地認識這整個「青年黑格爾運動」的小家子氣和地域狹隘性及無意義~~性（Unbedeutendheit）~~，就必須從德國以外的立場，來好好看一下這整場喧囂吵嚷。~~因此，在我們對這個運動的個別代表人物作出專門的批判之前，要先提出一些一般性的說明（Bermerkungen）。這些說明將足以顯示我們的批判所持的立場——如果這對於理解和證成（Begründung）後續的個別批判是必要的——我們的這些說明~~

則勾當就會按照德國慣常的方式，被大量生產仿冒品（fabrikmäßige und Scheinproduktion）[28]、降低品質、原料不實（Sophistikation des Rohstoffs）、買空賣空（Scheinkäufe）、空頭支票（Wechselreiterei）以及毫無現實基礎的信用制度，按照德國慣常的方式，而搞得不規矩了（unsolide）。競爭變成了鬥爭++[29]

是針對~~費爾巴哈~~而提出的，因為只有他才
稍微有點~~進步~~、只有他的東西~~不能讓人讀~~
~~得下去~~，這些說明將會進一步揭露出他們
全體所共同的意識型態的前提。

————————

1. 意識型態本身，
    特別是德國哲學

A.

我們僅僅知道一門唯一的科學，即歷史
的科學。歷史可以從兩方面來考察，可以把
它劃分為自然史和人類史。但這兩方面是分
不開的；只要人存在，自然史和人類史就彼
此相互規定（bedingen）。自然史，即所謂自
然科學，在這裡是不相干的；但是我們卻要
深入研究人類史，這是因為幾乎整個意識型
態要嘛就是簡化成對人類史的一種扭曲的
觀點（Auffassung），不然就是簡化成一種對
人類史的全盤抽離。意識型態本身只不過是
這種歷史的兩個方面之一。

我們據以開頭的前提，不是任意
的，不是教條，而是一些實際的前提
——只有在想像（Einbildung）中才
能把它們抽掉。這是一些現實的個
人、是他們的行動和他們的 **F** 生活條　　**F** 物質
件——包括已有的和由他們自己的行動產
生出來的物質生活條件。因此，這些前提

可以用純粹經驗的方式來確認。

全部人類歷史的第一個前提，當然是許多活生生的個人的存在（Existenz lebendiger menschlicher Individuen）。

~~這些個人藉以把自己和動物區別開來的第一個歷史行動，不是思考，而是他們開始生產出他們的生活資料。~~ 因此，第一個需要確認的事實就是這些個人的身體組織以及由此而來的：他們對自然其餘部分的關係。我們在這裡當然 ~~深入探討人們所處的各種 [現存] 自然~~ ~~條件——地質條件、山岳水文地理條件、~~ ~~氣候條件以及其他條件~~ *F*。~~這些條件不僅規定著人們最初的、自然長成的身體組織，尤其是種族差別，而且也規定了他們直到如今的整個進一步的發展或不發展。~~任何歷史敘述都必須從這些自然基礎以及它們（由於人們的行動而）在歷史進程中發生的改變出發。

你（Man）可以用意識、宗教或隨便別的什麼來區別人和動物。但是人自己開始把自己與動物區別開來，則是在他們開始生產出自己的生活資料的當下，這一步是由他們的身體組織所規定（bedingt）的。由於人們生產了自己的生活資料，所以也就間接地生產出了他們的物質生活本身。

人們用以生產出自己生活資料的方式，首先取決於他們 *F* 生活資料本身的特性。

既不能深入探討人們自身的生理特性，也不能[30]

F 以及人的解剖學特性[31]

F「已有的」和「需要再生產出來的」

這種生產方式不能只從它是「個人身體存在的再生產」這方面來考察。它毋寧已經是這些個人的某種特定的活動方式、是他們表現（äußern）自己生活的特定方式、他們的特定的<u>生活方式</u>了。這些個人如何表現自己的生活，他們自己就如何。因此，他們的「是什麼」，就與他們的生產一致——既與他們生產<u>什麼</u>一致，又與他們<u>如何</u>生產一致。因而，個人是什麼，取決於他們的生產所需的物質條件。[32]

　　這種生產首先是隨著人口的增長而開始的。後者本身又以個人彼此之間的<u>交往</u>為前提。而這種交往的形式，又是 [倒過來] 由生產所規定（bedingt）的。

238 7[33]

（空白頁，無任何編碼）

（空白頁，無任何編碼）

Nicht Einfügbar（無可插入）

<u>3</u>　　　　　　　　　　　　　　<u>7</u>

　　各民族（Nationen）之間的相互關係，取
決於每一個民族本身的生產力、分工和內
部的交往有多發達。這個原理是公認的。
然而不僅一個民族對其他民族的關係，而
且這個民族本身的整個內部結構，也取決
於它的生產的發展程度以及它內部和外
部交往的發展程度。一個民族的生產力有
多發達，可以從它分工的發展程度最清楚
地看出來。任何新的生產力，只要它不是
迄今已知的生產力 *F* 之單純的量的擴　　*F* 例如，開墾土地
張，就都會引起分工的~~擴大~~ 進一步發展。

　　一個民族內部的分工~~使這個民族分~~
~~裂~~，首先引起工業、商業勞動與農業勞動
的分離，從而也引起<u>城市</u>與<u>鄉村</u>的分離，
以及兩者利益的對立。分工的進一步發
展，則會導致商業勞動與工業勞動的分離。
而由於這些不同部門內部的分工，則又同時
會在共同從事某種勞動的個人之間，發展出
各種不同的分工。這些個別的分工的彼此
位置，是由農業勞動、工業勞動和商業勞
動的經營方式（父權制、奴隸制、等級、
階級）所規定的。在較為發達的交往下，

<u>8</u>

同樣這些情況也會出現在各民族間的相
互關係之中。

分工的各個不同形式 發展階段，同時
也就是所有制的各種不同形式；亦即，分
工的每一個階段，還都規定了個人之間對
勞動材料、勞動工具和勞動產品的關係。

第一種所有制形式是部落所有制。它相
應於生產的不發達階段，此時一族人
（Volk）靠狩獵、捕魚、畜牧，或者頂多靠
耕作為生。最後那種情況是以有大量未開
墾的土地為前提的。在這個階段，分工還
很不發達，僅限於家庭中既有的自然長成
的分工的進一步擴張。因此，社會結構只
限於家庭的擴張：父權制的部落首領、其
下的部落成員、最後是奴隸。家庭中潛在
的奴隸制，是隨著人口和需要的增長、隨
著戰爭和商業這種外部交往的擴張，才逐
漸發展起來的。

第二種形式是古代的 ~~（Antike）~~ [34] 公社 [所有制] 和（Gemeinde- & ）[36]
國家所有制（Staatseigenthum），它是由
於幾個部落（Stämme）**F** 聯合為一個城 **F** 透過契約或征服
<u>邦</u>（<u>Stadt</u>）而出現的，[35] 在這裡，奴隸
制繼續保存著。除了公社所有制以外，
動產私有制以及後來的不動產私有制也
已經發展了起來，只不過還是一種反常
的、從屬於公社所有制的形式。公民

9

僅僅在他們的共同體中，才據有支配他們那些做工的奴隸的統治 權力，並因此受到了公社所有制形式的束縛。因此，整個（建築在這個基礎上的）社會結構，以及由此而來的族民（Volk）權力，當私制，尤其是不動產私有制發展起來了之後，[37] 就逐漸衰落了。分工更為發達了。我們已經看到了城鄉之間的對立，後來，一些代表城市利益的國家和另一些代表鄉村利益的國家之間的對立出現了，而在城市內部，則出現了工業和海外貿易之間的對立。公民和奴隸之間的「階級關係」已經完全形成了。

~~在羅馬平民中，我們首先發現小土地所有者，之後發現無產者的前身——它由於處身於「有產的公民」和「奴隸」之間，所以毫無發展[餘地]。同時我們在這裡也首先發現~~

隨著私制的發展，才出現了那種我們在現代私有制裡將會重新看到的關係，只不過後者的規模更為擴大了而已。一方面是私有財產的集中，這在羅馬很早就開始了（李奇尼烏斯的土地法[38] 就是證明），而在歷次內戰之後、尤其是在帝政時期，則更是發展迅速；另一方面是由此而來的：平民小農向無產階級的轉化，然而，這種無產階級由於處於有產者公民和奴隸之間的中間地位，所以並沒有獨立地發展起來。

第三種形式是封建的或等級的所有制。如果古代的起點是城市 *F*，那麼中世紀的起點則是鄉村。起點之所以有如此的改變，受制於（bedingt）當時的人口狀況：地廣人稀，而征服者也沒有使人口大量增加。因此，相反於

這是「積極公民」的「共同私有制」，他們——相對於奴隸——不得不待在這種自然長成的聯合方式裡。[39]

F 及其狹小幅員

希臘和羅馬，封建制度的發展是在一片寬
廣得多的地域上開始的：羅馬的征服，以
及由此而在一開始就有的「農業的普
及」，已為之奠定了基礎。羅馬帝國最後
幾個世紀的衰敗和蠻族的征服，確實破壞
了大量的生產力；農業消沉了，工業由於
缺乏銷路而沒落了，商業沉寂或嚴重中斷
了，城市和鄉村人口都減少了。這些現實
的情況以及由它所規定（bedingt）的征服
[體制] 的「組織方式」，在日耳曼人的軍
事制度的影響下，發展出了封建所有制。
這種所有制，和部落所有制與公社所有制
一樣，也是以一種共同體為基礎的，不
過，和這種共同體對立的，不再像古代那
樣是奴隸，而是（農奴制之下的）小農了
——他們是直接進行生產的階級。封建制
度的完全成形，同時也伴隨了 [它] 與城市
的對立。土地佔有的層級結構，以及與之
相關聯的武裝扈從制度，賦予了貴族支配
農奴的權力。這種封建結構和古代的公社
所有制一樣，是一種對立於「被統治的生
產者階級」的組織；只不過這個組織的形
式和 [它] 對直接生產者的關係有所不同
而已——因為現在的生產條件不同了。

　　與這種土地佔有的封建結構相應的，是
<u>各城市</u>中的同業公會所有制，即工業 手
工業的封建組織。財產在這裡，主要在於

<u>4</u>　　　　　　　　　　　　　　　　　　<u>11</u>

個別人的勞動。[1] 必須組織起來以對抗有組織的「強盜貴族」、[2] 對「公共商場」的需要（因為此時工業家還同時就是商人）、[3] 流入繁華城市的「逃亡農奴」彼此間競爭的加劇、[4] 整個農村的封建結構，[40] ——所有這些，都導致了<u>行會</u>；[1] 個別手工業者逐漸積蓄了少量資本，而 [2] 在人口增長的同時，他們的人數卻保持穩定[不變]，——這就發展出了幫工關係和學徒關係，這種關係在城市裡造就了一種和農村裡相似的層級制（Hierarchie）。

這樣，封建時代的主要所有制，就在於一方面：[1] 土地私產和 [2] 束縛於斯的農奴勞動，以及另一方面：[1] 本身擁有少量資本的勞動——但 [2] 它支配著幫工勞動。

這兩種所有制的結構，都是由狹隘的生產關係——小規模的簡陋的土地耕作和手工業式的工業——規定（bedingt）的。當封建制度昌盛時，分工是很少的。每一個國家（Land）都存在著城市與鄉村之間的對立；等級結構固然烙印清晰，但是除了在鄉村裡有王公、貴族、僧侶和農民的劃分，在城市裡有師傅、幫工、學徒以及隨後的 ~~氓流（Pöbel）~~ 日薪短工（Taglöhner-pöbel）的劃分之外，就再沒有什麼有意義的分工了。在農業上，分工受阻於土地的小塊耕作，**F** 在工業上，個別手工業本身根本還沒有分工，而各種手工業之間，也只有非常少的分工。

F 伴隨這種耕作方式的，還有農民自己的家庭工業

工業和商業的分工，在比較老的城市中，是早就有的了；而在比較新的城市中，則只是在後來，當這些城市彼此發生了關係的時候，

<u>12</u>

這樣的分工才發展起來。

把較廣大的鄉村聯合成為封建王國，這無論對於土地貴族或是對於城市來說，都是需要的。因此，統治階級的組織、貴族的組織，到處都亟需君主。

（無編碼）

<u>13</u>

左爿反面=3rd 頁

（無編碼）

<u>14</u>

<u>5</u>　　　　　　　　　　　　　　　　45

事實因此是：特定的個人，在特定生產（他們以特定方式進行生產活動）⁴¹

~~關係下~~[會] 進入（eingehen）特定的社

會關係和政治關係。經驗的觀察，在任何

個別情況下，都 *F* 經驗地、撤除所有神秘　*F* 必須

與玄想地，來指明「社會政治結構」與「生

產」間的關聯。社會結構和國家總是從特

定個人的生活過程中產生的，不過並不是

那種會表現在（他們自己或別人）想像中

的個人，而是<u>實際（wirklich）</u>所是的個

人，亦即：從事活動（wirken）的、進行

物質生產的、因而是在特定物質的、獨立

於他們的任意之外的「限制、前提和條件」

下活動著的個人。

這些想像（Vorstellungen），這些由「個

人」做出的想像，要嘛是關於他們對自

然的關係的想像，不然就是關於他們彼

此關係的想像，再不然就是關於他們自

己性質的想像。顯然，在這幾種情況

下，這些想像都是一種──實際的或幻

想的──有意識的表達：表達了他們的

實際關係和活動、他們的生產、他們的

交往、他們的社會組織和政治組織。相

反的假設如果可能，那麼除非在實際

的、受物質限定的個人的精神以外，還

預設一個另外的（aparten）精神。如果

這些「個人的實際關係」的「有意識的表達」是虛幻的、如果他們在自己的想像中把自己的實際狀況給顛倒過來，那麼，這又是他們「狹隘的物質活動方式」以及由此而來的他們「狹隘的社會關係」的一個結果。

觀念、想像、意識的生產，首先是直接與人們的物質活動和物質交往、與實際生活的語言交織在一起的。人們的想像、思維、精神交往，在這裡還表現為他們物質行為的直接流出。精神生產——它表現在一個民族（Volk）的政治、法律、道德、宗教、形上學等等的語言中——亦然。人（die Menschen）是自己的想像、觀念等等的生產者，而且是由他們物質生活的生產方式、由他們的物質交往，以及這種「交往」在社會與政治結構（Gliederung）中的發展（Ausbildung）所限定的　不過這裡所說的人是實際的（wirklichen）、從事活動的（wirkenden）人，他們是受限定的：受自己的「生產力的特定發展」和（與之相應的）「交往的特定發展」——直到其最發達的型態——所限定（bedingt）。意識（das Bewußtsein）除了是「有意識的存在」（das bewußte Sein ）之外，永遠不能是別的什麼東西，而人的存在就是他們的實際生活過程。如果在整個意識型態中，人和他們的關係（像在照相機暗房 [camera obscura] 中一樣）表現為倒立的，那麼，這種現象正好就是從他們「歷史的生活過程」中產生的，正如對象在視網膜上的倒影是從他們「直接生理的生活過程」中產生的一樣。

德國哲學從天降地；和它完全相反，這裡
是從地升天。也就是說，並不是從人之所
說、所設想（einbilden）、所想像的東西出
發，也不是從被說、被思考、被設想、被
想像出來的人出發，以便達到有血有肉的
人；而是從實際活動著的人出發，而且從
他們的實際生活過程出發，還可以鋪陳出
（dargestellt）這一生活過程「在意識型態
上的反射和回聲」的開展。甚至人們頭腦
中模模糊糊的圖像，也是他們的——可以
經驗地察覺的、與物質前提扣聯的——物
質生活過程的「必然升華物」。這樣，道
德、宗教、形上學等等意識型態，~~F 就失
去其表面上的本身（Selbst）子~~ 就不再保
有獨立性的假象了。它們沒有歷史，它們
沒有發展，反而，發展出自己物質生產和
物質交往的人們，會隨著他們的這個實際
狀況而改變他們的思想和思想產物。不是
意識規定（bestimmt）生活，而是生活規
定意識。前一種考察方法從意識出發，把
意識當成有生命的個人，後一種考察方法
則合乎實際生活，從實際的、有生命的個
人本身出發，把意識僅僅看作是~~這些實際
活動著的個人的~~ 他們的意識。

　這種考察方法不是沒有前提的。它從實
際的前提出發，它須臾不離這個前提。它
的前提是人，但不是任何處於虛構的閉鎖
或固定狀態中的人，而是處於實際的、

F 以及與之相應的意識形式（Bewußtseinsformen）

<u>48</u>

經驗可見的、在特定條件下的「發展過程」中的人。一旦這個活動的生活過程被鋪陳出來，那麼歷史就不再——像那些~~狹隘的本身還是~~抽象的經驗主義者所認為的——是一些僵死的事實的集合，也不再——像唯心主義者所認為的——是想像的主體們的一個想像的行動。[42]

在玄想終止的地方，在實際生活那裡，也正好就開始了「實際的、實證的科學」、意識的「言詞」會終止，實際的知識必將取而代之。隨著對實際的鋪陳，獨立的科學 哲學將失去其存在媒介。取而代之的，頂多只能是一個——從對人類歷史發展的考察中抽象出來的——「最普遍的結論」的概括（Zusammenfassung）。離開了現實的歷史，則這些抽象的本身將毫無價值。它們的作用只是~~考察歷史~~ 簡化歷史材料的整理、指出歷史材料的各個層次之間的順序。*F* 這裡我們只舉出其中幾個抽象（這是我們用來與意識型態相對照的），並用歷史的實例來加以說明。

對人們「實際的發展過程」的「實踐活動」的鋪陳（Darstellung）。[43]

F 但是它們絕不——像哲學那樣——提供一個配方或圖式，好據以刪改各個歷史時期。反之，只有當你（man）著手考察和整理材料——不管是一個過去時代的還是當代的材料——的時候、當你實際鋪陳的時候，困難才開始哩。這些困難的排除，受限於（bedingt）種種前提，這些前提在這裡是根本不可能出現的，反而，它們只能從對每個時代的個人之實際生活過程和行動的研究中產生。

1)

mille[44]，一再批駁了：神聖的哲學家和神學家們，"由於他們"做出了一些關於絕對精神的空洞詞句，而"得出了""個人的不自立性"（Unselbstständigkeit）。彷彿，只要一些玄想的思想販子（他們自己也不是透過「個人的依賴性（Anhähgigkeit）不自立性」、而是透過一個殘破的社會狀況，才能得到他們的哲學奇想的）向"個人"不斷叨絮這一點、命令個人立刻、毫無怨言地"進入絕對精神"，那麼"個人"，亦即每一個人，就會變成"不自立的"、就會真正"在絕對精神中被揚棄"[45] 似的！我們當然不想費力去開導我們的聰明的哲學家們說：如果他們把哲學、神學、實體和整堆垃圾都消解在"自我意識"裡，如果他們把"人"從這些詞句的宰制裡——[但是]人從來沒有屈服於這些詞句之下——給解放了出來，那麼，這樣，"人"的"解放"根本一步都還沒有前進；除非在實際世界並且用實際的手段來實現解放，否則實際的解放就是不可能的，沒有蒸汽機和精紡機（Mule-Jenny）[46]，就無法揚棄奴隸制，沒有改良的農業，就無法揚棄農奴制，如果人類還沒能在質上和量上獲得充足的食物和飲水、住屋和衣服，那麼人類就根本不可能被解放。"解放"是一個歷史的行動（That），而非思想行動，它是由歷史關係，由工業、商業、農業、交往的狀況 [......] 引起的。......[47]

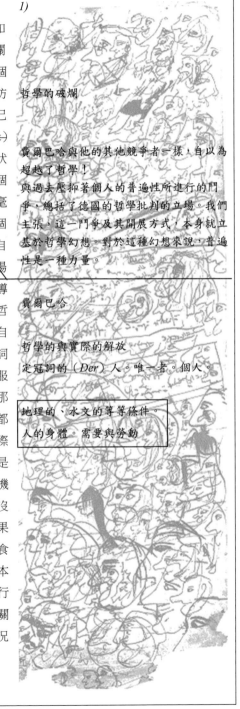

哲學的破爛

費爾巴哈與他的其他競爭者一樣，自以為超越了哲學！
與過去壓抑著個人的普遍性所進行的鬥爭，總括了德國的哲學批判的立場。我們主張，這一鬥爭及其開展方式，本身就立基於哲學幻想。對於這種幻想來說，普遍性是一種力量。

費爾巴哈

哲學的與實際的解放
定冠詞的（Der）人。唯一者。個人。

地理的、水文的等等條件。
人的身體。需要與勞動

2)

然後，還要根據它們的不同發展階段，來清除掉那些實體、主體、自我意識與純粹批判的胡扯，一如宗教和神學的胡扯，而且，當它們更充分發展了之後，還要繼續再清除下去。當然，在像德國這樣一個沒有歷史的國家裡，這種思想發展，歷史性東西的缺乏，彌補—只有一個破破爛爛的歷史發展的國家裡，這些思想的發展、彌補了歷史發展的不足，它們已根深柢固、並必須被克服。但這是只有地域（*lokale*）意義的鬥爭 只有地域性的、沒有歷史、普遍意義的鬥爭，它為人民大眾帶來新的結果，正如文明對抗野蠻一樣。

> 詞句的與實際的運動
>
> 詞句對德國的意義
>
> 這些被美化而毫無作用的破爛玩意兒，
>
> *語言是…的語言*

聖布魯諾[48] 提供了一篇 "路德維希·費爾巴哈的特色"，[49] 亦即已在《北德意志雜誌》（Norddeutschen Blättern）上發表過的一篇論文[50] 的修訂版。在那裡這個神聖的特色費爾巴哈被描述成 "實體" 的騎士，為的是使鮑爾的 "自我意識" 更加光鮮亮麗。在這樣的費爾巴哈的新化身面前，這個聖者從費爾巴哈論萊布尼茲（Leibnitz）[51] 和貝爾（Bayle）[52] 的著作[53] 中一下就跳到了基督宗教的本質[54]，跳過了費爾巴哈為了與 "實證哲學" 相對抗而給《哈勒年鑑》[55] 撰寫的論文。[56] 理由很簡單，因為費爾巴哈在這裡，與 "實體" 的實證代表們相反，將 "自我意識" 的全部奧秘在聖布魯諾還在就無垢受孕 [進行] 思辨的時候，就…[揭露出來了]…

> 費爾巴哈[57]，鮑爾[58]
>
> 聖布魯諾論費爾巴哈作為實體的騎士
>
> 更為突出，不過他的 純粹的批判只不過是一再地對所有的東西都說：它是 "實體"。[59]
>
> 這是個 "恰到好處的" "疏失"，[60] 因為費爾巴哈在這裡揭露了
>
> 正是在這篇論文中，費爾巴哈研究了聖布魯諾依然還在探索的……[61]

6b 8)   49

費爾巴哈

實際上，而且對~~實踐的~~唯物主義者，即共產主義者[62] 來說，問題在於把現存的世界給革命化、在於實際地（praktisch）攻擊並改變現存的東西。[63] 如果在費爾巴哈那裡有時也出現過類似的觀點，那麼它們始終不過是一些零星的猜測，而且對他的總的觀點的影響微乎其微，以致只能把它們看作是具有發展能力的萌芽。費爾巴哈對~~感性~~ 感性世界之~~理論的~~ "理解"（"Auffassung"）[64] 一方面僅僅侷限於對它的單純的直觀，另一方面僅僅侷限於單純的感覺（Empfindung）。✖ 在前一種情況下，在對~~自然~~ 感性世界的直觀中，他必然碰到與他的意識和他的感覺（Gefühl）相矛盾的東西，這些東西擾亂了他所預設的 *F*「人與自然的和諧」。為了排除這些東西，他必須求助於某種二重性的直觀：介於一種世俗的、只能看到「唾手即得的東西」的直觀，和一種較高級的、哲學的、可以看到東西之 "真正本質" 的直觀之間。[65] 他怎麼也看不到：他周遭的感性世界並不是某種開天闢地以來就直接給定的、始終如一的~~產物~~ 東西，而是、是世世代代活動的結果，其中每一代都站在前一代的肩膀上，進一步發展他們的工業和他們的交往，並根據改變了的需要而修改他們的社會制度。甚至連最簡單的 "感性確定性"[66] 的對象，也只是經由社會發展、經由工業和商業交往才提供給他的。眾所周知，櫻桃樹和幾乎所有的果樹一樣，只是在數世紀以前才經由商業而移植到我們這個地區的，從而

他設定（*sezt*）的是 "定冠詞的（*den*）人"，而不是「實際的歷史的人們」。"定冠詞的（*Der*）人" 其實就是 "德國人"。

F 感性世界所有各~~組成分子~~ 部分間的和諧、尤其是

注意：費爾巴哈把「唾手即得的東西」，即感性的外表（Schein）給降屬於（透過對感性事實作較為精確的研究而確認的）感性實際，這並不是錯誤，錯誤在於：他要是不用哲學家的 "眼睛"，亦即 "眼鏡" 來觀察感性，則到頭來就搞不定感性。

工業和社會狀況的產物，而且是在這個意義下：它是一個歷史*產物*

δε 9)   50

也只是<u>經由</u>特定社會在特定時期的這種行動，才提供給費爾巴哈之 "感性確定性" 的。此外，只要用這種理解方式，即依照東西實際所是、實際所發生的樣子來理解它們——後面還會有更清楚的說明——，則任何深奧的哲學問題都可以輕易地消解為一個經驗事實。例如：人對自然的關係這個重要的問題，✗——所有關於 "實體" 和 "自我意識" 的 "高深莫測的工作" 都是從這個問題裡產生的——，在這個觀點下就會自行化為烏有了，即：在工業中老早就已經有了那個很著名的 "人和自然的統一" 了，而且這種統一在每一個時代都隨著工業或多或少的發展而不斷改變，✗ 工業和商業、[即] 生活必需品的生產和交換，既規定了（bedingen）分配和各個社會階級的劃分，而且它們的運作方式又反過來被後者所規定。這樣，費爾巴哈在，例如曼徹斯特，只看得到一些工廠和機器，而一百年以前在那裡只看得到腳踏紡車和織布機；或者，他在羅馬的坎帕尼亞只發現得到一些牧場和沼澤，而那裡在奧古斯都時代或許只能找到羅馬資本家的葡萄園和別墅。費爾巴哈特別談到自然科學的直觀，提到一些只有物理學家和化學家的眼睛才能識破的秘密；但是如果沒有工業和商業，哪裡會有自然科學呢？甚至這個 "純粹的" 自然科學，也只是經由商業和工業、經由人們的感性活動，才獲得它的目的和材料的。*F* 費爾巴哈誠然

費爾巴哈

或者 [⋯] ~~之間的關係~~ 如布魯諾所說的（p. 110）[67]，"自然和歷史的對立"，好像這是兩種互不相干的 "東西" 似的，好像人們面前永遠不會有一個「歷史的自然」和一個「自然的歷史」似的，[68]

✗就像人與自然的 "鬥爭" 一樣——，直到生產力可以在一個相應的基礎上得到發展。

費爾巴哈

F 這種活動、這種持續的感性勞動和創造、這種生產，正是整個現存的感性世界的基礎，它哪怕只中斷一年，費爾巴哈就不只會看到自然世界的巨大改變，而且整個人類世界和他自己的直觀能力，甚至他本身的存在，都會很快就消失了。當然，這時候，「外部自然」仍會保有它的優先性，而所有這些當然也不適用於

比那些 "純粹的" 唯物主義者好得多：他看出了人也是 "感性對象"；不過××，因為他在這裡也仍然停留在理論之中，所以他沒有做到，把人 ~~沒有從實際的 "個別的、肉體的人"~~ 人們現有的歷史 社會脈絡、沒有從那些（使人們成為現在這個樣子的）現有的生活條件來理解人們，所以他從來沒有達到實際存在著的、活動的人，而是停留在 "人" 這個抽象上，並且僅只導出：要承認感覺（Empfindung）中的 "實際的、個別的、肉體的人"，亦即：他不知道 "人對人之間" 還有什麼其他的 "人的關係" ——除了愛與友情 **F**。所以他從來沒做到：把感性世界理解為「構成這個世界的諸多個人」的 ~~統一的（vereinigte）~~ 全部的（gesammte）活生生的感性活動，[69] 因而當他看到的，例如，不是健康人，而是大批患淋巴結核的、過勞的和患肺癆的窮光蛋的時候，他就不得不求助於 "較高級的直觀" 和觀念上的 "類中的拉平"，也就是說：正是在共產主義的唯物主義者看到了「改造工業和社會結構」的「必要性和條件」的地方，他卻退回到唯心主義裡去了。

當費爾巴哈是一個唯物主義者的時候，他那裡不出現歷史；而當他去看歷史的時候，他不是一個唯物主義者。在他那裡，唯物主義和歷史是全然兩碼子事，這從上面所說的看來，已經非常明顯了。如果我們在這裡還在較詳細地談論歷史，那麼這只是因為：德國人習慣於

$\delta d\ 10)$　　　　　　　　　　　　　51

原始的、由「自然發生」所產生的人們；但是，這種區別只有在把人看作「異於自然」的時候才有意義。此外，這個先於人類歷史的自然，並不是費爾巴哈所生活其中的自然，這是今天在任何地方（除去在澳洲新出現的一些珊瑚島以外）都不復存在的、因而對費爾巴哈來說 [根本從來就] 不存在的自然。

×× 除了一項（abgesehen davon）：他把人只看作是 "感性對象"，而不是 "感性活動" [70]

f [71]

F 而且是唯心化了的愛與友情以外。對現在的生活狀況無所批判

全部的 [72]

費爾巴哈

δe 11)　　　　　　　　　　　　　　　52

歷史

用「歷史」和「歷史的」這些字眼來想像所有可能的東西，但就是不想像現實的東西。"說教有術的"[73] 聖布魯諾就是一個鮮明的例證。要和這些「德國人無前提的」打交道，我們就必須這樣開頭：我們確立了（konstatieren）所有人類生存——也就是所有歷史——的第一個前提，亦即這個前提：人們為了能夠 "創造歷史"[74]，就必須能夠活著。但是「活著」首先就包含了吃、喝、住、衣以及其他一些東西。因此第一個歷史行動（That，事實）就是生產出「滿足這些需要」的資料（Mittel）、生產出物質生活本身，而且這也是從千萬年前迄今，為了讓人（區區）活下去，每天每刻都必須被履行的一個歷史活動、是所有歷史的一個基礎條件。因此所有「歷史觀」（geschichtliche Auffassung）的首要之務，就是要看到這種基本事實的全部意義和全部範圍，並給予應有的重視。眾所周知，德國人從來沒有這樣做過，因而從來沒有為歷史提供過一個世俗的基礎，結果也從來不曾有過一個歷史學家。法國人和英國人儘管——在政治意識型態的束縛下——對「這一事實與所謂歷史」之間的關聯頂多只有片面的理解，但是他們畢竟首次寫出了市民社會史、商業史和工業史，而初步嘗試了為「歷史編寫」提供一個唯物論的基礎。——第二個事實是，[由於] 那些最初的需要容易得到滿足，[所以] 立刻又引起新的需要——

黑格爾。

地質、水文等等的條件。人體。需要，勞動。

即使感性在聖布魯諾那裡被化約成一根棍子[75]、化約成最簡約的東西，但是這個感性還是要預設一個生產出這根棍子的活動。[76]

A11/26

☒ 12)   53

已經得到滿足的第一個需要的本身、「滿足需要」的行動和已經獲得的「滿足需要」的工具，又引起了各種新的需要，而生產出這些新的需要，就是第一個歷史行動（That，事實）。在這裡立刻可以看出：德國人的偉大歷史智慧是誰的精神之子。哪裡是德國人沒有實證材料（das positive Material）的，哪裡是不談神學的、政治的或文學的胡扯（Unsinn）的，德國人就不讓那裡有任何歷史，反而讓那裡只有"史前時代"，但又不向我們解釋：從這個"史前史"的胡扯，是如何過渡到究竟義的歷史的——雖然另一方面，他們的歷史玄想卻又特別投注在這種"史前史"上，而這是因為：這種玄想相信：在這裡它不會受到"粗糙事實"的干擾，而且同時也是因為：在這裡，它的玄想本能能夠不受羈絆地自由馳騁，並 [隨意] 創立和推翻成千上萬的假說。——第三種關係——它在這裡是從一開頭就進入了歷史發展過程的——是：每天都在重新做出自己生命的人們，開始去做出另外一些人了、繁殖出了男女間的關係、父母和子女間的關係：<u>家庭</u>。這種家庭起初是唯一的社會關係，後來，當需要的增多產生了新的社會關係，的時候，這種家庭便成為次要的關係了（德國例外），這時候就必須根據現有的經驗材料，而非——像在德國所慣見的——根據"家庭的概念"，來處理和闡明家庭。——生命的生產，無論是在勞動中生產出自己的生命，或是在生育中生產出別的生命，現在就立即表現為一個雙重的

而人口的增多又產生了新的需要[77]

此外，社會活動的這三個方面，不能被看作三個不同的階段，而只能被看作三個方面，或者，為了寫給德國人看得懂，被看作三個"環節"：它們是從歷史的開端（Anbeginn）起、從第一批人以來，就同時存在了、而且是現在也還在歷史上起著作用的。[78]

13) 54

關係—— 一方面是自然的關係，另一方面是社會的關係——「社會的」（gesellschaftlich）的意思是：許多個人的共同活動，至於這種活動是在什麼條件下、是用什麼方式、是為了什麼目的而進行的，則無關緊要。由此得知：[1]「一個特定的生產方式」或「一個特定的工業階段」，始終是與「一個特定的共同活動方式」或「一個特定的社會階段」相一致的，✗ [2] 人們所能達到的生產力的總和，限定了（bedingt）社會狀況，從而，"人類的歷史" 始終必須與工業的歷史和交換的歷史聯繫在一起來研究和探討。但是同樣清楚的是：在德國是寫不出來這樣的歷史的，因為德國人對此不僅缺乏理解能力和材料，而且還缺乏 "感性確定性"，而在萊茵河的彼岸[79]，也不能做出任何關於這種東西的經驗，因為那裡不再有什麼歷史了。因此，一開始就已經很清楚了：人與人之間是有物質聯繫的，這種聯繫是由「需要」和「生產方式」所限定（bedingt）的，它是和人本身同其久遠的——這種聯繫會不斷採取新的形式，從而提供出一個 "歷史"，而不需要有任何政治的或宗教的胡說（Nonsens），來額外地把人們兜在一起。——現在，在我們已經考察了原初的、歷史的關係之四個環節、四個方面之後，我們才發現：人 除了這些之外，還有 "~~精神~~"，而這種 "~~精神~~" 則 "~~表現為~~"（sich äußert als）還具有 "意識"。但這也並非一開始就如此、就是 "純粹的" 意識。"精神" 從一開始

而這種「共同活動方式」的本身就是一種 "生產力"

人們之所以有歷史，是因為他們必須<u>生產出自己的生活</u>，而且必須是以<u>特定的方式來生產</u>：這是由他們的身體組織所給定的，他們的意識亦然。

14)　　　　　　　　　　　　　　55

就受到了詛咒，要被物質 "糾纏"，物質在這裡是以「振動的氣層」、「聲音」，簡言之「語言」的形式出現的。語言和意識同其久遠──語言是實踐的、為別人而存在的、從而也首先是為我自身而存在的、實際的意識，而語言也和意識一樣，只是從需要、從「和他人交往」的迫切需要裡才出現的。意識因此一開始就已經是一個社會的產物了，而且只要人存在，它就依然是社會的產物。意識首先<u>當然</u>只是對✕感性周遭的意識、是對於──「變得有自我意識的個人」之外的──「其他人和物」之間「✕✕關聯」的意識；同時，它也是

[1] [一方面] 對自然的意識：自然從一開始就是作為一種完全異己的、全能的和不可捉摸的力量而與人對立的，人則以純粹動物的方式對待自然、像牲畜一樣敬畏自然；這樣，就是一種純粹動物的自然意識（自然宗教）。─

[2] 另一方面 [則是] 意識到「必須和周遭的個人相聯繫」，也就是開始意識到「人總是要生活在一個社會中的」。這個開始，和這個階段的「社會生活」本身一樣，是動物性的；它單單只是「畜群意識」，這裡，人和羊的區別只在於：他的意識代替了他的本能，或者說他的本能是一種有意識的（ein bewußter）本能。✕✕這種「羊意識」或「部落意識」（Stamm-bewußtsein），由於 [1] 生產效能的提高、[2] 需要的增加以及 [3] 作為二者基礎的

我對我周遭的關係就是我的意識。哪裡有一個關係（Verhältnis）存在，它就在那裡為我而存在，動物根本不 "<u>對待</u>"（ "<u>verhält</u>"）[80] 任何東西。

　對於動物來說，它對他物的關係不是作為關係而存在的。

✕最接近的

✕✕狹隘

✕✕這正是因為自然還沒有 很少 幾乎還沒有被歷史地改變[81]

$$\begin{array}{r} 540 \\ 25 \\ \hline 65 \end{array}$$

✕✕這裡立即可以看出，這種自然宗教或是這種對待自然的特定關係，是由社會形式所規定的，反之亦然。這裡和任何其他地方一樣，自然和人的同一性也是這樣顯現出來的：人對自然的狹隘關係規定了他們彼此間的狹隘關係，而他們彼此間的狹隘關係又規定了他們對自然的狹隘的關係。

15)   <u>56</u>

人口的增加，也獲得了進一步的發展和培育。這樣，分工也發展了起來。分工起初只是性行為方面的分工，後來則是由於天賦（例如體力）、需要、偶然性等等，才自己或"自然長成地"做出了分工。只有當物質勞動和精神勞動的區分出現了，分工才實際成為分工。從這一刻起，意識才能夠<u>實際</u>地把自己給設想（einbilden）成：[1] 它是某種異於「對『現存的東西實踐』之意識」的東西，[2] 它不用想像任何實際的東西，就能實際地想像某種東西[82]——從這一刻起，意識才有能力擺脫世界、過渡到"純粹的"理論、神學、哲學、道德等等的形成（Bildung）。但是，即使這種理論、神學、哲學、道德等等和現存的關係發生了矛盾，那麼，這也僅只是由於現存的社會關係和現存的生產力發生了矛盾——不過，[這種] 在一個特定民族圈子裡的關係，也可能因為其他原因而發生：不是在這個民族圈的內部出現了矛盾，反而也僅 <s>出現在該民族的意識的範圍裡</s> 是「這個民族的意識」和「其他民族的實踐」之間出現了矛盾，亦即在一個民族（一如現在的德國）的「民族的意識」和「普遍的意識」之間出現了矛盾。——之所以是這個民族，是因為這種矛盾似乎只表現為一個內在於民族意識的矛盾，而鬥爭似乎也僅只限於這個民

人們發展了

意識<s>在現實歷史的發展裡發展了，</s>藉由分工

伴隨（*fällt zusammen*）出現了意識型態家的、<u>教士</u>的最初形式

<u>宗教</u> 有著意識型態本身的德國人[83]

8*16)

11, 12, 13, 14, 15, 16,[84]

族狗屎，正因為這個民族就是狗屎本身。此外，意識自己究竟在搞什麼，這是完全無關緊要的。我們從這整個垃圾堆中只能得出一個結論：這三個環節，生產力、社會狀況和意識，彼此之間可能而且一定會發生矛盾，因為<u>分工</u>不僅可能使得、而且也實際上使得精神的與物質的~~勞動~~活動、享受和勞動、生產和消費落在不同的個人身上，而要使它們彼此不發生矛盾，則[唯一的] 可能就是重新揚棄分工。此外，自明的是："<u>幽靈</u>"也、"<u>紐帶</u>"也、"<u>較高存有者</u>"也、"<u>概念</u>"也、"<u>思慮</u>"也，都僅只是唯心論的、玄想的、精神的表述，是「彷彿孤立的個人」的想像、是對於極其經驗的束縛和框架的想像——「生活的生產方式」以及與此相聯的「交往形式」就是在這些束縛和框架裡面運動的。~~這種關於現存的經濟框架的唯心論表述，不只是在純粹理論上、而且是在實際意識上就存在的（vorhanden）。解放了的、意識，不僅形成了宗教與哲學，而且也形成了國家。隨著分~~

✕ 活動和思想，即沒有思維的活動和沒有活動的思維[85]

所有這些矛盾都存在於分工之中，而就分工這方面來說，則它又是以「家庭中自然長成的分工」和「社會分裂為單個的、彼此對立的家庭」為基礎的。隨著這種分工，又同時有了<u>分配</u>，而且是<u>不平等的</u>分配：勞動及其產物的無論量上或質上的分配，這也就是私有財產——

與現存生產方式矛盾的[86]

17)   <u>58</u>

它在家庭中（在那裡妻子和兒女是男人的奴隸）就已經~~自然發展起來~~ 了。家庭中這種誠然還非常粗糙和潛在的奴隸制，是最初的私有財產 [制]，不過在這裡，它也已經完全符合了現代經濟學家所下的定義，即「對他人勞動力的支配」。[87] 隨著分工，也就進一步有了「單個人的或單個家庭的利益」與「所有互相交往的個人」之「共同利益」之間的矛盾，而且這種共同利益並非單單在想像中作為一種"普遍的東西"而存在，反而首先是在實際上作為（分了工的）個人之間的相互依賴而存在。最後，分工立即給我們提供了第一個例證，說明了：~~人們自己的行動（That），只要這種行動不是實際上社會的自由的~~ 只要人們還處在自然長成的社會中、只要特殊利益和共同利益之間還存在著分裂、只要~~勞動~~ 活動（Thätigkeit）還不是自願地而是自然長成地分化的，那麼人自己的行動（That）就會對人來說變成一種異己的、對立於他的力量：是這種力量壓迫著他，而不是他支配著這種力量。因為，分工一旦開始，則每個人就被迫有了一個特定的、封閉的活動範圍，他不能逾越這個範圍：他是獵人、漁夫或牧人✖，而且如果他不想失去生活資料，他就必須持續如此──但是在共產主義社會裡，[1] 每個人都並沒有一個封閉的活動範圍，反而可以在隨便哪個部門裡發展；[2] 社會調控著普遍生產，並且正因為如此而使我有可能今天做這個、明天做那個，上午當~~鞋匠~~ 打獵、下午當~~園丁~~ 捕魚、傍晚當~~演員~~ 放牧，晚飯後批判，一概隨我興之所至，而不必各（je）變成獵人、漁夫、牧人或批判家。[90]

┌─ 有了它的胚胎、亦即最初形式

此外，「分工」和「私有財產」這兩個詞其實是一致的、說的是同樣的東西，只不過前者是就活動而言，後者是就活動的產物而言。[88]

正是由於「特殊利益」和「共同利益」之間的這種「矛盾」，所以「共同利益」才脫離了實際的「個別利益」和「全體利益」而採取了一個獨立的形體：<u>國家</u>，這同時也是個虛幻的共同體，不過，它的現實（realen）基礎，始終是每一個「家庭集團或部落集團」中現有的紐帶，如血肉、語言、較大規模的分工以及其他的利益──尤其是，一如我們後面將會闡明的，（已經由分工所規定了的）「階級」：這些階級是在每一個這樣的人群中區分開來的，其中一個階級支配了其他所有的階級。由此得出：[1]「國家」內部的所有鬥爭──民主政體、貴族政體和君主政體之間的鬥爭、為了爭取選舉權而進行的鬥爭等等、等等，都只不過是一些虛幻的形式（「普遍者」（das Allgemeinen）[總是]「共同者」（Gemeinschaftli [chen]）之虛幻形式）──在這些形式下，發生了各個不同階級間的實際鬥爭（德國的理論家們對此是一竅不通的，儘管在《德法年鑑》[89] 和《神聖家族》中已經十分明確地向他們指出過這一點了）。更且，[2] 每一個力求宰制的階級，即使它的宰制──就像無產階級那樣── 必 定 要（bedingt）揚棄整個舊的

✖ 或批判的批判家

社會形式✖，它必須首先奪取政權，以便把它的利益重新表現成普遍的利益──這是它在當下所不得不如此做的。✖

✖和宰制本身

✖ 正因為這些個人所追求的僅僅是他們的特殊的、對他們來說與「他們的共同利益」不一致的利益，所以這種共同利益才對他們來說被搞成一種「異己的」和

社會活動的這種「自我固定」（Sichfestsetzen）、我們自己的產物之聚合為一種實質的暴力——它統治我們、超出我們的控制、使我們願望落空並否決我們的打算——，這是迄今的歷史發展的主要環節之一，~~並且在所有制之中（它起初是由人〔們〕自己建立起來的制度，但卻很快就對社會給出了一個特有的、它的原創者所料想不到的轉變，這是任何一個不一頭栽進"自我意識"或"唯一者"的人都一目了然的。~~（被分工所規定的）不同個人間的「共同活動」，產生了一種社會的（soziale）力量，亦即多重化了的生產力。因為這種「共同活動」本身並非自願的而是自然長成的，所以這種「社會的力量」就並不對這些個人表現為他們自己的、聯合起來的力量，反而是某種異己的、在他們之外的暴力——他們不知道這種暴力何從（woher）何往（wohin），因此他們也不再能支配這種暴力，反而，這種暴力現在卻經歷著一系列獨特的發展階段——這些發展階段不僅獨立於人們的意志和進程之外、甚至反而還遲指揮著人們的意志和進程。✕否則，例如財產本身怎麼能夠具有某種歷史、採取各種不同的樣貌呢？又例如地產怎麼能夠根據現有的不同前提，而（像今天實際所發生的那樣）在法國從小塊經營發展到集中於少數人之手、在英國則從集中於少數人之手發展到小塊經營呢？或者貿易（它不過就只是不同個人和不同國家間的產品交換）怎麼能夠透過供需關係而統治全世界呢？——這種關係，用一位英國經濟學家的話來說，就像古代的命運之神一樣，邀遊於大地之上，用看不見的手[91]把幸福和災難分配給人們，立起一些王國、

✕✕是由目前現有的前提中產生出來的。

"獨立於"他們之外的、一種本身重新成為特殊而獨特的"普遍"利益，或者說，它們本來就必須在這種「分裂」（Zwiespalt）中運動，一如在民主制中一樣。另一方面，這些「特殊利益」——它們始終實際上（wirklich）與「共同的和虛幻的共同利益」相對立——之實際的（praktische）鬥爭，也必須要藉由「國家」這種虛幻的"普遍"利益，來進行實際的（praktische）干涉和約束。

共產主義對我們來說不是一個應該被確立的<u>狀態</u>，不是一個「現實」（Wirklichkeit）所要去瞄準的<u>理想</u>。~~費爾巴哈~~我們稱為共產主義的，是那種實踐地~~揚棄~~目前狀態的實際的（wirkliche）運動。~~我們只要寫　這個運動的條件要由目前的現實性本身來判[92]~~

✕這種"異化"（為了讓哲學家們繼續看得懂）當然只有在兩個實際的（praktischen）前提下才會被揚棄。藉此（Damit），這種異化會成為一種"不堪忍受的"力量，亦即一種要以革命來反對的力量，它把大多數人變成完全"沒有財產的人"，而同時又使他們與現存的「富有」而「有教養」的世界相矛盾——這兩者都是以生產力的大幅提高和高度發展為前提的。另一方面，生產力的這種發展（隨著這種發展，<u>世界史的</u>而不是地域性的人存在〔Dasein〕已經同時是「經驗的存在〔Existenz〕」了）之所以是絕對必須的實際前提，是因為〔1〕如果沒有它，那麼就只會有匱乏的普遍化，從而隨著這個內急（Nothdurft），必定重新開始爭奪必需品、而全部舊有的糞屎又要被攪翻起來；〔2〕其次，只有隨著生產力的這種普遍的發展，才能建立起一個人與人的普遍（universeller）交往，從而一方面，可以在所有民族中同時表現　產生出"沒有財產的"群眾這一現象（普遍競爭），使每一民族都依賴於其他民族的變革；〔3〕最後，<u>世界史的</u>、經驗上普遍的個人，取地域性的個人而代之。不這樣，則1）共產主義就只能作為某種地域性的東西而存在；2）交往的力量本身就不可能發展成為一種普遍的（universelle）因而是不堪忍受的力量：它們會依然處於老家—迷信的"狀態"；3）交往的任何擴大都會揚棄地域性的共產主義。共產主義要在經驗上可能，則必須「各主要民族」採取「畢其功於一役」與同時的行動——而這是以「生產力的普遍發展」和與此相聯的「世界交往」為前提的。

又把它們毀掉，使一些民族出現、又使它們消失——，但隨著基礎的揚棄、隨著私有制的揚棄，隨著共產主義的「生產調控」以及其中所包含的（人們對待自己產品的那種）假象，彷彿「異在性」的取消，供需關係的力量將化為烏有，人們將使交換、生產及他們相互對待的方式重新納入自己的支配之下。

——（在迄今所有歷史階段上出現的）受生產力規定而且反過來規定生產力的「交往形式」，就是市民社會[93]。從前面所說已可得出：市民社會是以「簡單的家庭」和「複合的家庭」（即所謂「部落」）為其前提和基礎的，它們的較詳盡的規定已經在前面提過了。這裡已經可以看出：[1] 這個市民社會是全部歷史真正的根源和舞台，以及 [2] 迄今的歷史觀是何等荒謬：它罔顧實際關係、而囿限於誇大的「國家大事」（Haupt- und Staatsaktionen）[94]。

我們現在逐漸在這個實在的 [...] 之後

到目前為止，我們主要只考察了人類活動的一個方面：人對自然的改造。另一方面，是人對人的改造 ——

國家的起源和國家對市民社會的關係。

19)   <u>60</u>

共產主義

此外，[一方面是] 僅只依靠勞動為生的勞動群眾——這是大量的勞動力，它們與資本隔絕、或甚至與任何最低的滿足隔絕——，從而 [另一方面是] 由於競爭，他們根本失去了（而不再是暫時失去了）工作、失去了有保障的生活來源，這種 [兩方面的] 狀況是以世界市場為前提的。因此，無產階級 ~~它之實踐的經驗的存在以世界史為前提~~ 只能夠以世界史的方式存在（existieren），就像共產主義及其行動只有作為 "世界史的" 存在才能實現一樣；個人的世界史的存在；這就是說：「與世界史直接扣聯的」個人的存在。

交往與生產力

X *20)*   61

歷史不外是各個世代的依次接續，每一代
都在利用以前各代所遺留下來的材料、資
金和生產力，因此，每一代一方面都在「已
經全然改變了的環境」下繼續從事「所繼
承的活動」，另一方面又都以一種「已經
全然改變了的活動」來修改「舊的環境」。
這件事現在會被這樣思辨地扭曲：後來的
歷史成了早期歷史的目的，例如，美洲的
發現，為的是替「促成法國大革命爆發」
這個目的奠定基礎，[95]這樣，歷史就有了
它特殊的目的，並成了一個＂與其他人格
並列的人格＂（這些人格諸如＂自我意
識、批判、唯一者＂等等）──儘管那些
以（早期歷史的）＂使命＂、＂目的＂、＂萌
芽＂、＂觀念＂等字眼所指稱的東西，終究
不過是從後來的歷史中得出的抽象、~~是其~~
~~結果與產物，人們在其中找尋秘密~~ 是從
前期歷史對後來歷史的「積極影響」中得
出的抽象。──在這個發展的進程中，各
個個別而又相互影響的圈子愈是擴大，各
個個別民族的原始閉鎖狀態愈是──由
於日益完善的生產方式、交往以及因交往
而自然長成的不同民族之間的分工而──
消滅，則歷史就愈是成為世界史，所以，例
如，如果在英國發明了一種機器，它奪走了
印度和中國的無數勞動者的飯碗（außer
Brot setzt），並徹底改變了這兩個國家的整
個存在形式（Existenzform），那麼，這個發
明就會成為一個世界史的事實；或者，十
九世紀的砂糖和咖啡是這樣來證明其世
界史的意義的：拿破崙的大陸體系[96] 造
成了這兩種產品的匱乏，這使得德國人

21)　　　　　　　　　　　　　　　　62

起而反抗拿破崙，並因而成了光榮的 1813
年解放戰爭[97] 的現實基礎。由此可見，歷
史向世界史的轉變，不是什麼 "自我意
識"、✕ 或者某個形上幽靈的一個純僅抽
象的行動，而是一個完全物質的、可以由
經驗證明的行動，這種行動，是每一個個
人在行走坐臥、吃、喝、穿中都可
以提供證明的。－聖瑪克斯・施蒂納自
己擔負著世界史，並且每天吃喝世界
史，正如從前我們吃喝我們主耶穌基督
的肉和血一樣。其結果就是：在 "世界
史" 中，個人，就像施蒂納的任何一個
（由學生和自由女裁縫組成的）"協會"
（"Verein"）[98] 一樣，都是同樣的 "自有
者"（"Eigner"）。[99] 更且 隨著「活動擴
大為世界史的活動」，單一的個人就愈來愈
匍匐於一個異於他們的力量之下，這個愈
益擴大的力量，說到底就是世界市場[100]
——這在迄今的歷史中當然是一個經驗
事實。但是，同樣有經驗根據的是：透過
共產革命（下面還要談到）推翻現存社
會狀態，以及（與之一致的）揚棄私有
制，則這種對德國理論家們來說如此神秘
的力量也將被瓦解；屆時，每一個單一個
人都將被解放，而其解放程度，將與歷史
之完全轉變為世界史的程度一致。*F* 只有
這樣，單一個人才能擺脫種種民族的和地
域的框限，而與整個世界的生產 *F* 有實
際的（praktische）關係，並且能夠獲得享
用這種全世界的全面性生產✕的能力。個
人之間的全面依賴、他們的「世界史的
共同活動」的這種「自然長成的形式」，

✕世界精神

而世界史也日復一日地生產出他、這個唯一
者（Einziger）、這個他自己的產物，因為 [既
然] 他必須吃、喝、穿衣；他的《唯一者及其
所有物》的引文，以及聖瑪克斯反對赫斯[101]
和其他不太相干的人的論戰，證明了：他在
精神上也是世界史所生產出來的。[102]

（他們把這種壓迫想像成所謂世界精神等
等的刁難）

關於意識的生產

F 個人實際的精神財富，完全取決於他實
際關係的財富——這一點，根據上述，已
經很清楚了。
F（包括精神的生產）

✕（人們的所有創造）

將由於這種共產革命而轉化為對於那些——從人們的相互作用中產生、但迄今卻作為完全異己的力量在威懾和宰制著他們的——力量的控制和有意識的支配。這種觀點可以重新又被思辨地－唯心地、亦即幻想地理解為"類的自我生產"（"社會作為主體"），從而把一整排的"處於脈絡中的個人"給想像成一個「唯一的個人」：他幹著一件神秘的事：生產自己。這裡很明顯：個人儘管<u>互相</u>製造——在肉體上和精神上——，~~即使不是~~ 但是他們並不自己製造自己：既不在聖布魯諾的胡扯的意義下——根據這種胡扯，則"[問題] 在於 liegt）*(4)*個性（Persönlichkeit）*(X 2)*本身（überhaupt）*(X 3)*這個概念（Begriff）*(1)*["]，有限地（beschränkt）設定（setzen）自己（這點他倒是做到了），而這個「限」（Beschränkung）是由「個性」（不是透過它「自己」[sich]、也不是透過「本身」[überhaupt]、也不是透過它的「概念」，而是）透過它的<u>普遍</u>*(5)*<u>本質</u>*(5\6)*來設定（setzt）*(7)*的，由於<u>正是</u>這個本質只不過是「個性」之<u>內在的</u>*(6\8)*「自我區別」*(9)*的結果、它活動的結果而已，所以還要再*(7 10)*揚棄*(8\11)*一次。[103] p.87, 88 ——也不在"唯一者"、"被創造的"人（Mann）的意義下。

~~現在，從以上所述可以清楚看出：對於共產主義的[意識]，具有共產主義意識的諸個人，一旦他們與當前社會~~

最後，我們從上面所闡述的歷史觀中還可以得出以下的結論：1）生產力的發展會達到一個階段，在這個階段上，會產生出「生產力」和「交往手段」，而它們在現存的關係下，只能造成災難，它們將不再是生產的力量，而是破壞的力量（機器和錢）。與此相關聯的：這個階段還會產生出一個階級，它必須承擔社會的所有負擔，而享受不到社會的好處，它被排斥於社會之外，

（布魯諾先生沒湊滿一打）

23)   **64**

被迫與所有其他的階級截然對立；這個階級是全部社會成員中的大多數所形成的，從它裡面會產生出「必須徹底革命」的意識，即共產主義的意識，這種意識當然也可以在其他階級中形成——如果它們採取了這個階級的立場的觀點；2）社 ~~[會]~~ 生產力的~~每個發展~~階段「特定的生產力能夠被運用」所需的條件，就是「社會的特定階級實行統治」的條件，這個階級的社會（soziale）權力——這種權力來自這個階級的佔有（Besitz, 財產）——，在每一個國家形式中都有其實踐的－觀念的表達，因此在市民社會的最後階段每一個革命鬥爭都是針對目前還在統治的階級的；3）迄今的所有革命中，始終都沒有觸及過「活動的方式」，而只是對「活動」做另外的分配、只是把「勞動」重新分給其他人，而共產主義革命則是要針對迄今的活動方式、要消滅 現代的活動形式，在其下的 [...] 統治 [...] 勞動、要揚棄所有的階級統治以及這些階級本身，因為這個革命將由這樣一個階級來完成：它在社會上已經不算是一個階級、不被承認

> 人們所關心的，是維持現在的生產狀況。

　　　　而且已經是現今社會內部之「所有階級、民族性等等的解體」的表達了；[104]
是一個階級了； 以及 4）無論是為了大量產生出這種共產主義意識，或是為了實現事業本身，都必須使人們有大量的改變，這種改變只有在實際的（praktische）運動中、在革命中，才可能出現；因此，革命之所以必須，不僅是因為：統治階級除此無從推翻，而且還是因為：推翻階級只有在革命中，才能拋掉自己身上的全部陳年老垢、才會有能力成為社會的新基礎。

№ *Bauer*   <u>69</u>

雖然對於革命的這種必要性（Notwen-digkeit, 必然性），是所有的共產主義者，早就一致同意了，但是聖布魯諾卻繼續自顧自地幻想說：“實在的人文主義”即共產主義，之所以將取“唯靈論[105] 的地位”而代之，只是因為：如此它將贏得崇敬。然後，他繼續幻想：“救主將臨，人間將成為天國，天國將成為人間。”（神學家總還是忘不了天國）“那時候天國的和諧曲中將高唱歡樂和幸福，直到永遠”（p.140）[106]。所有這些，都會在審判日發生。但是當這一天降臨到這位神聖的教父頭上時，他卻會大吃一驚——這一天的朝霞，搞不好是燃燒著的城市火光在天空的倒影，他耳邊響起的“天國的和諧曲”，搞不好掩不過〈馬賽曲〉和〈卡馬尼奧拉曲〉的旋律，以及必要伴奏的轟隆砲聲，還有斷頭台在幫忙打拍子；墮落的“群眾”搞不好高唱著 ça ira, ça ira，並把“自我意識”吊在路燈柱上。[107] 聖布魯諾毫無根據地自行描繪了一幅 “歡樂和幸福直到永遠” 的振奮人心的圖畫。這位 “費爾巴哈的愛的宗教的追隨者”，在談到革命（它與 “天國的和諧曲” 完全是兩碼事）時，似乎有自己一套獨特的關於 “歡樂和幸福” 的想像。 雖然它們熟知這位聖者，但是 我們可沒有興致來先驗地構想聖布魯諾在審判日這一天的行為。而其實也很難斷定：究竟是必須把革命的無產階級（prolétaires en révolution）（他們反抗自我意識）給理解為 “實體” 、理解為 “群眾” ——這是「批判」想要消滅的——還是理解為一種精神的 “流出體”（Emanation）[108]——

不論是法國的、英國的或德國的，[109]

（唯靈論根本沒有地位）[110]

神聖家族

24)　　　　　　　　　　　　　　　　　　　70

不過它的濃度還不夠來消化鮑爾的思想。

這樣的歷史觀因此在於：從直接生活的物質生產出發，去闡發（entwickeln）實際的生產過程，並且把——與這種生產方式相聯的、它所產生的——交往形式，即各個不同階段的市民社會，給理解為整個歷史的基礎，並且用它來而且也由它來解釋它的實踐～唯心論的倒映（Spiegelbilde）、國家，以及意識之全部各種不同的理論產物與形式，宗教、哲學、道德等等、等等，✘並且也返回到它。

　這種歷史觀不像唯心論的歷史觀那樣，在每個時代中尋找某一個範疇，而是持續（fortwährend）駐足於實際的歷史基礎上，不是從「觀念」（Idee）出發來解釋實踐（Praxis），而是從物質的實踐出發，來解釋觀念的形成，並由此而得出結論說：[1] 意識的所有「形式」和「產物」，都不是可以藉由「精神的批判」來解消的、不是可以藉由把它們消融在“自我意識”裡或是把它們化為“鬼魂”、“幽靈”、“怪想”等等來解消的，反而只有藉由現實的社會關係——所有唯心論的胡說八道都是從這裡產生的——之實際的（praktischen）變革，才能把它們解消；[2] 歷史的動力、或甚至宗教的、哲學的和任何其他理論的動力，是革命，而不是批判。這種觀點指出：[1] 並不是把歷史消融在“自我意識”作為“精神的精神”之中，就可以終結歷史了，反而，在歷史中，每一階段都會出現一個物質結果、一個生產力的總和、✘ 這些是每一代人從上一代繼承下來的、是大量的生產力、資金和環境，它們儘管一方面會被新的一代所改變，但另一方面，它們也範定了（vorschreibt）這新的一代本身的生活條件，並為他們提供了一定的發展、提供了一個特出的性質。

費爾巴哈

[不僅] 描述出（darzustellen）它作為國家而行動 [時的樣子]，[111]

而且 [反過來] 從這些「理論產物」和「形式」出發，把它 [市民社會] 的出現過程給一路追溯出來，做到了這點，則事情的整體（從而這些不同方面之間的相互作用）當然就能夠被描述出來（dargestellt）了。[112]

✘一個在歷史中創造出來的「人對自然」以及「個人彼此間」的關係，

25)   <u>71</u>

[2] 這樣，環境創造人，一如人也創造環境。[113] 這種「生產力、資金和社會交往形式」的總和——這是對每個個人和每一代所給定的東西——，是哲學家們想像成"實體"和"人的本質"的東西、他們神化了的並與之對抗的東西的「現實基礎」，這種現實基礎對人們的發展所起的作用和影響，絲毫不因哲學家們（作為"自我意識"和"唯一者"）對它的反抗，而受到任何干擾。不同世代的這些既有的生活條件，還決定著（entscheiden）：歷史上週期性重複的革命動盪，是否強大到足以推翻所有現存制度的基礎，而如果全面變革的這些物質因素尚未出現，✕那麼，就算這種變革的觀念已經提出過上百次了，但這對於實際的（praktische）發展也毫無意義——這是共產主義的歷史所證明的。

✕ 亦即，一方面現有的生產力［尚有未足］，另一方面一個革命群眾［尚未］形成——它不只反抗迄今交往 社會的那些個別條件，而是反抗迄今的"生活生產"本身、反抗它所立基的它的普遍活動"整個活動"——，

　　整個迄今的歷史觀不是把歷史的這個實際基礎完全棄而不顧，就是把它僅僅看成與歷史進程毫無關聯的附屬物。因此，這種歷史觀只能在歷史中看到政治的「國家大事」[114]、看到宗教的和尤其是理論的鬥爭，而且在處理每一個歷史時期的時候，它都必須<u>加入到這一時代的幻想裡去</u>。例如，某一時期設想自己是由純粹"政治的"或"宗教的"動機（Motive）所規定（bestimmt）的，*F* 那麼它的歷史書寫人就會接受這個意見。這些特定的人關於他們實際的「實踐」的「設想」、「想像」，會變成一種「唯一起決定作用的」和「積極的」力量[115]，後者這種力量（welche）支配和規定了這些人的實踐。如果印度人和埃及人的分工所採取的那種粗糙形式在這兩個民族的「國家」和「宗教」中引起了種姓制度，那麼歷史學家就會相信：種姓制度

因此，歷史必定總是依據外於它的某種尺度來書寫的；實際的生活生產表現為某種非歷史的東西，而歷史的東西則表現為某種脫離共同生活的東西、某種遠遠超出世界之上的東西。這樣，人對自然的關係就被排除於歷史之外了，因而產生了自然和歷史的對立。

F 儘管"宗教"和"政治"只是其實際動機的「形式」

A11/41

26) 72

是產生出這種粗糙的社會形式的力量。法國人和英國人所抱持的政治幻想，好歹還是與實際最為接近的，但是德國人卻在"純粹精神"的領域中打轉，把宗教的幻想搞成歷史的推動力量。~~黑格爾是最後的~~ 黑格爾的歷史哲學是整個這種德國歷史書寫之最後的、使之達到"最純粹的表達"的成果。對於德國的歷史書寫來說，問題完全不在於實際利益，也從不在於政治利益，而在於純粹的思想，[無怪乎] 後來✕聖瑪克斯·施蒂納更加連貫一致：他 [既然] 對整個實際的歷史一無所知，歷史進程 [就] 必定只能對他表現為只是一個"騎士"、強盜和幽靈的歷史，[於是] 他當然只能想到藉由"不信神"（Heillosigkei）來自拔於這種歷史的幻覺之外嘍。這種觀點其實是宗教的：它把「宗教的人」假設為所有歷史起點的「原人」，它在自己的想像（Einbildung）中用宗教的「幻想生產」來代替了生活資料和生活本身的「實際生產」。整個這樣的歷史觀，連同其消解和由此產生的顧忌和疑慮，僅僅是一件德國人自己民族的（nationale）事情，而且只對德國來說才有地域的意義。例如，近來不斷被討論的重要問題：究竟如何"從神的王國進入人的王國"，[116]彷彿這個"神的王國"除了存在於想像（Einbildung）之中，還曾存在於什麼其他地方似的，彷彿這些學養深厚的大人先生們不是一直生活在——他們並不自知——"人的王國"之中、所以他們現在才要找一條通往它的道路似的，彷彿 ~~從實際的塵世關係來詳盡解釋和證明這種理論雲中構造（Wolken-bildung）的奇珍異寶（Curiosum），可以不只是一種科學娛樂似的。~~

在聖布魯諾手上，[這種歷史書寫] 就必定表現為一系列的"思想"了：其中一個吞噬另一個，最後消失在"自我意識"裡。

所謂客觀的歷史書寫正在於：脫離「活動」來理解歷史關係。反動的性質。

對於這種科學娛樂——因為它不過就只是娛樂——對於這種「理論的雲中構造」的奇珍異寶的「解釋」，正好就不在於反過來：指出這種「雲中構造」是從實際的塵世關係中出現的似的。這些德國人所關心的，永遠就僅只是：把現有的胡扯

這些「問題與解決」的純粹「民族的」性質還可以這樣看出來：這些理論家們都極其認真地相信，諸如 "神人"、"人"（der Mensch）等等的幻象，真的主掌過個別的歷史時代——聖布魯諾甚至還斷言：只有 "批判和批判者才創造了歷史"——，而當他們要在「歷史建構」上露兩手的時候，他們卻迫不及待地跳過所有早先的歷史，一下子就從 "蒙古人時代" [117] 過渡到真正 "內容豐富的" 歷史了——即《哈勒年鑑》和《德國年鑑》[118] 的歷史、[當代]「黑格爾學派」瓦解成「普遍的吵鬧不休」的歷史。所有其他的民族、所有實際的事件，都被遺忘了，世界舞台（Theatrum mundi）侷限於萊比錫書展、侷限於 "批判"、"人" 與 "唯一者" 之間的相互爭吵。如果這些理論 [家們] 哪怕只小露兩手在實際的歷史主題上，例如十八世紀，即使如此，但是其目的也只是把十八世紀給描繪成那個「真正歷史時代」的一個尚未完成的初階、尚被侷限的前驅，而這個真正的歷史時代，就是 1840/44 年德國哲學鬥爭的時代。編寫一部早期歷史，以便某位非歷史的人物及其幻想可以因此而更加聲名顯赫——與這種「目的」相應的是：他們根本不提所有實際的歷史事件（Ereignisse），甚至不提政治對歷史的「歷史干預」（historische Eingriffe），反而只能提出一些敘事，這些敘事完全不根據研究，而是根據虛構和蜚短流長——就像聖布魯諾在他那本已被遺忘的《十八世紀史》[119] 裡所做的那樣。這些空口大話、巍峨高座的思想販子自以為已經摶扶搖於所有民族偏見之上不知幾千里了，其實（in der Praxis）他們比夢想德國統一的啤酒館市儈還更民族得多。他們根本不承認其他民族的所作所為是歷史的，他們生為德國人、

消解成任何一種別的奇想，亦即，他們預設了：所有這些胡扯都具有某種有待揭示的雅致意義，雖然問題 [其實] 只在於：從現存的實際關係出發，來解釋這些理論詞句。這些「詞句」的「實際的、實踐的解消」、這些「從人的意識中跑出來的想像」的「排除」，說過了的：是只有「改變了的環境」、而非「理論的演繹」，才能做得到的。對於人群大眾（即無產階級）來說，這些理論的想像並不存在、因此也就並不需要被消滅，而如果這些群眾曾經有過一些理論的想像，例如宗教，那麼現在，這些想像也早就已經被環境消解了。

那麼他們也只是撇開「事實和實際的發展」，而提供了「各式想像」的歷史——但是「事實和實際的發展」卻正好是這些想像的基礎——，

28)　　　　　　　　　　　　**74**

死為德國鬼，他們把萊茵頌歌[120] 變成了一首聖歌，並征服了阿爾薩斯和洛林[121]，其辦法不是把法蘭西的國家，而是把法蘭西的哲學給偷走，不是把法蘭西的省份，而是把法蘭西的思想給日耳曼化。相較於聖布魯諾和聖瑪克斯，費奈迭（Venedey）[122] 先生才是一個世界主義者：那兩個人只會用「理論統治世界了」來宣布「德國統治世界了」。

鮑爾

──在這些不可免的政難之後，我們現在回到聖布魯諾，以及他的世界史的鬥爭。布魯諾對費爾巴哈說了些重要的貼心話之後，就來檢視費爾巴哈和"唯一者"之間的鬥爭了。[123] 他用以證明自己對這個鬥爭感興趣的第一個東西，就是一個隆重的三笑。"批判家義無反顧、充滿勝利的信心走自己的道路。有人誣衊他，他笑了。有人詆毀他，他笑了。舊世界發動十字軍攻打他，他笑了。"[124] 批判家走自己的路──或是好多條路──，並不新鮮：我的路不是你們的路，我的思想不是你們的思想，我的路是神學的路，我太聰慧了所以不敢挑戰其他，批判家如是說。聖布魯諾，可以確定，是走著自己的路的，不過他的道路和其他人不一樣，他走的是一條批判的大道，他帶著"笑"完成了這個壯舉。"他臉上笑出的皺紋比有兩個印度的世界地圖上的線條還多。小姐會甩他一耳光，而如果她真這麼做了，那麼他也會笑，並且認為這是一件偉大的藝術"──就像莎士比亞的馬弗里奧（Malvoglio）那樣。[125] 聖布魯諾甚至也不必動指頭去對付他的兩個對手，他知道一個更好的辦法，就是離間他們，他讓他們自己爭吵──分而治之──。他讓費爾巴哈的"人"去對付"唯一者"，(p.124)又讓"唯一者"去變付費爾巴哈(p.126ff)；他知道他們是誓不兩立的，就像

××［把"共同人"］變成"定冠詞的（*des*）"「人」的謂詞

費爾巴哈

從這些爭辯中還可以看出：當費爾巴哈（《韋剛德季刊》[126]1845 年第 2 卷）以 "共同人"（"Gemeinmensch"）的資格宣稱自己是一位共產主義者、×× 時[127]，他錯得多離譜，他以為這樣就可以把「共產主義者」一詞（它在現前世界中指的是一個特定革命政黨的支持者）重新又變成一個單純的範疇。費爾巴哈關於「人與人之間的關係」的全部推論，僅僅只是要去證明：人們是、而且從過去以來一直是互相需要的。他想要確立對於這個事實的意識，也就是說，和其他的理論家一樣，只是想要確立一個對現存事實的「正確意識」，然而對於實際的共產主義者來說，重點卻在於推翻這種現存的東西。不過，我們完全承認，由於費爾巴哈力求產生出針對這個事實的意識，所以他已達到了理論家所能達到的極限，而沒有放棄作為理論家和哲學家。然而饒富特色的是：聖布魯諾和聖瑪克斯立刻就用費爾巴哈的「共產主義者的想像」來代替「實際的共產主義者」了，這部分是因為：這樣一來，他們就可以把共產主義也當作 "精神的精神"、當作哲學範疇、當作勢均力敵的對手來對抗了──而就聖布魯諾來說，這樣做還有實際利益的考量。為了說明這種對於「現存者」的「承認（Anerkennung）」而又同時錯認（Verkennung）」──這是費爾巴哈與我們的對手所始終共同的──，我們舉出《未來的哲學》中的一個地方當作例子。費爾巴哈在那裡說：一個東西或人的「存在」(Sein) 同時也就是它的「本質」(Wesen)；一個動物的或人的「個體」之特定的存在狀況（Existenzverhältnisse）、生活方式和活動，就是 [可以] 使它的"本質"在其中感到滿足的東西。在這裡很明顯：任何例外都被理解為不幸的偶然、無從改變的反常。這樣，如果成千上萬的無產者在他們的存在狀況下根本不覺得滿足，如果他們的 "存在"

A11/44

29)

愛爾蘭 [中] 爾南尼的那兩隻貓一樣[28]，牠們彼此吃個精光，最後只剩下兩條尾巴。關於這兩條尾巴，聖布魯諾現在宣判：它們是"實體"、並且要永受咒罵。最後，布魯諾先生想到：不能再對他、這位批判者，提出任何批判了——"因為他自己就是批判者"，(p.124) 於是他也就心平氣和了。

這位聖人用這種方式結果了費爾巴哈與施蒂納之後、而且把"唯一者"的"所有進一步的發展都阻斷了"之後，他就把矛頭轉向了據說是費爾巴哈之成果的德國共產主義者 了。這位聖教父當然要等待一個良機（目前就是個良機），以便能夠根據需要，來處置德國共產主義及其理論代表，並且因此而消滅它們。這對他來說是非常必要的，因為"神聖家族"已經把他的的批判者"當作德國理論的最頂尖提出來、與共產主義相提並論。"神聖家族"帶給這位尊敬的教父的第一個印象，就是一個深沉的悲歡，以及一個嚴肅的、偽君子的悲哀。這本書唯一好的方面是：它"指出了：費爾巴哈<u>必須</u>成為什麼，以及他的哲學<u>能夠</u>取得怎樣的位置——如果他<u>想</u>要對抗批判的話。"(p.138) [也就是] 以一個毫不勉強的方式，把「必須」、「能夠」和「想要」給統一了起來，不過這當然無法抵消這本書許多多令人哀嘆的方面。聖布魯諾對此的哀嘆與老耶和華的哀嘆是一樣的，後者透過四大預言家和十二小預言家[130] 在變節的以色列民族背後哭哭啼啼抱怨，這裡完全任意地預設了：費爾巴哈的哲學"不應該 [不得 dürfen nicht] 也不能夠瞭解批判者，——它不應該 [不得] 也不能夠認識（kennen）與認知（erkennen）（在發展中的）批判，——它不應該 [不得] 也不能夠知道(wissen)：批判"

與他們的 "本質" 絲毫不符，那麼，根據上述立場，這就會是一個不可避免的不幸、必須安然承受。但是，這些成千上萬的無產者或共產主義者可完全不是這樣想的，而且將在他們的時代 [來臨時]、當他們實際地（praktisch）、透過革命而使他們的 "存在" 與他們的 "本質" 合一的時候，證明這一點。因此，在這些情況下，費爾巴哈從來不談人的世界，反而每次都逃到外部自然裡去、甚且是<u>那個</u>（<u>die</u>）尚未置於人的統治之下的自然。但是隨著每一項新的發明、隨著工業的每一步前進，這個領域（Terrain）就會有一塊新的部分被拆掉，而這類費爾巴哈式命題的例證所立基的基地（Boden），也就愈來愈小了。只就其中一個命題來談吧：魚的 "本質" 是它的 "存在"，即水。河魚的 "本質" 是河的水。但是，一旦這條河歸工業支配、一旦它被染料和其他廢棄物汙染、[一旦] 有輪船行駛、一旦它的水被引入溝渠、而人們只要放水入渠就可以把魚的存在媒介（Existenzmedium）給奪走，那麼，這條河的水就不再是魚的 "本質" 了、它將不再是魚所適合的生存媒介了。把所有這類矛盾給解釋成不可避免的反常現象，基本上無異於聖瑪克斯·施蒂納對不滿者的安撫，亦即：這種矛盾是他們 [不滿者] 自己的矛盾、這種惡劣環境是他們自己的惡劣環境，對此，他們或者可以泰然處之、或者可以忍住自己的不滿、或者也可以用幻想的方式去反抗。——同樣，也無異於聖布魯諾的責難：之所以會有這些不幸的情況，是由於那些當事人陷入 "實體" 的糞便裡了，他們沒有前進到 "絕對自我意識"、也沒有認清這些惡劣關係是「他們的精神」的精神。

相對於所有「超越」（Transcendenz），都是一個不斷進行的鬥爭和勝利、是不斷持續的否定和創造——這是唯一有創造力和生產力的東西。它〔費爾巴哈哲學〕不應該〔不得〕也不能夠知道：批判家從過去到現在是如何努力地在把各種「超越的力量」（它們一直壓抑人、使人不能呼吸、活不下去），設成並搞成（!）（machen [!]）它們本來的樣子：從精神來的〔就是〕精神、從內在來的〔就是〕內在、從（或在）本鄉的〔就是〕本鄉的（!）、〔就是〕自我意識的產物與創造物。它〔費爾巴哈哲學〕不應該〔不得〕也不能夠知道：批判家是怎樣唯一和獨自地，把整個宗教、以及「國家」的各種不同的表現，都給摧毀了，因為等等、等等、等等……p.138, 39。這與（被人民背叛的）老耶和華相異幾希？——祂的人民認為曠野中的各種「快樂神」有趣多了，於是祂追在他們後面跑、並且大叫：「以色列啊！聽我說！猶大啊！別搗住你的耳朵！我難道不就是那個帶領你出埃及、到一個流著蜜與奶的地方的主、你的神嗎？看吧！你們從年少起就幹了什麼讓我噁心的事；你們用雙手做了激怒我的事；儘管我不懈地教導你們，你們卻背對我而不面向我；你們在我家裡施行暴行、讓它不潔；又在班欣諾谷（Thale Ben Hinnom）建築巴爾高塔（Höhen des Baals）（費爾巴哈？）[131]，但這又全不出於我的命令，並且我也完全沒有要你們做出此等惡行；我差遣我的僕人耶利米（Jeremiam）去你們那裡（從〔亞門之子〕約西亞〔Josia〕王的第十三年起直到今天，我對他吩咐的話，迄今向你們不懈地講述二十三年了），但是你們不想理會他。因此主說：有誰聽到這類的事：以色列處女幹下過如此醜行？因為雨水[132]

20   75

因此新教是教階制（Hierachie）[133] 的真
理，亦即真正的教階制。但是既然只有真
正的教階制才配稱為教階制，那麼顯然，
中世紀的教階制就必定是一個"虛弱的"
[教階制]，這在他 [施蒂納] 是很容易證
明的，因為黑格爾已經在上述的地方和上
百處其他地方陳述了中世紀的精神統治
之不完備了，而他只要抄過來就好了，在
這裡，他"自己的"[134] 動作就是把"精神統
治"這個字眼換成"教階制"而已。精神統
治究竟是怎麼轉成教階制的，他也不需要
做任何簡單的推論，因為德國的理論家們
已經流行把結果稱作原因、把例如所有從
神學中得出的東西，或是還沒有達到這些
理論家之原理的高度的東西（如黑格爾
的玄想、施特勞斯的泛神論 pp），都丟回
到神學範疇裡去──這是 1842 年常見的
戲法。從上面所引的那個段落還可以看
出：黑格爾 1）把法國大革命看成這種精
神統治之一個新的、更完備的階段；2）在
哲學家身上看到十九世紀的世界統治者；
3）主張：現在人們之間只有抽象思維行得
通；4）婚姻、家庭、國家、自謀營生、**F** **F** 市民秩序、[私有] 財產 pp
都被他看成"神的和神聖的" **F** 了，所有這 **F** 看成"宗教的東西"
些，我們在施蒂納那裡都可以一字不差地 　以及 5）倫理作為神聖性之現世化或現
找到。 世性之神聖化，被表達成精神統治世界之
　　這樣，應該就不用再對施蒂納的教階制 最高和最後的形式。
多說什麼或多指出什麼了，不過還有一
件：為什麼聖瑪克斯會抄襲黑格爾？要去
解釋這個事實，又必須有很多事實材料，

A11/47

30) 76

因此這個事實只有對那些知道柏林氣氛的人，才是解釋得清楚的。另一個問題則是：黑格爾關於精神統治的想法，是怎麼形成的？~~關於這個問題，還要對德國理論家說上幾句話。~~

關於這個問題，見上 p。

　　統治階級的思想在每一時代都是佔統治地位的思想，亦即：一個階級如果是社會中佔統治地位的 *F* 力量，則它同時也就是社會中佔統治地位的精神力量。一個階級如果可以支配物質生產資料，則它同時也就因而可以支配精神生產資料，所以，那些「沒有精神生產資料的人」的思想，*F* 就會服從於這個階級。佔統治地位的思想不過是「佔統治地位的物質關係」在~~意識型態~~觀念上的表達、是被理解成「思想」的「佔統治地位的物質關係」；也就是這樣的關係：正是它們才使得某一個階級成為統治階級，也就是「這個階級的統治」的思想。組成統治階級的諸多個人也都具有意識等等，因而也會思考；既然他們作為一個階級來進行統治，並且決定了（bestimmen）某一歷史時代的整個面貌，那麼理所當然，[1] 他們會在這個歷史時代的全部範圍裡這樣做，也就是，除了作為別的之外，他們也作為思考著的人、作為思想的生產者而進行統治，並調控他們時代的「思想」之「生產」和「分配」；從而 [2] 他們的思想就是一個時代的佔統治地位的思想。例如，在某一國家的某個時期，王權、貴族和資產階級競相爭取統治，亦即統治是分享的，那麼那裡佔統治地位的思想就會是分權的學說，它會被宣布為"永恆的法則"。──分工──它作為迄今為止的歷史之主要力量之一，是我們在上面（p. ）已經遇到過的──，現在也在統治階級之中，表現為「精神勞動」和

F 物質

F 一般而言

31)   <u>77</u>

「物質勞動」的分工，因此，在這個階級
的內部，一部分人是作為這個階級的思想
家出現的，他們是這個階級之積極的、提
方案的意識型態家，他們把「*F* 這個階級
對自己的幻想」當作他們主要的謀生之
道，而另一部分人則對這些思想和幻想較
為消極和被動，因為他們其實（in der
Wirklichkeit）是這個階級的積極（active）
成員，不太有時間去搞什麼對自己的幻想
F。這種在這個階級內部的分裂，甚至可
以發展成這兩造之間的某種對立和敵
視，但是一旦實際的衝突發生、而威脅到
[這個] 階級本身的時候，這種對立和敵視
就會自行消失了，隨之消失的，還有這樣
的假象（Schein）：彷彿「佔統治地位的思
想」並不是「統治階級的思想」、而是別
有著與「這個階級的權力」不同的權力似
的。一個特定時代的「革命思想」的存在，
是以一個「革命階級」的存在為前提的，
而關於這個革命階級的前提，在前面（p. ）
已經把該講的都講過了。

    如果在理解歷史進程的時候，把 *F*「統
治階級」~~拿掉~~ 脫離出來、*F*、照舊認為
在一個時代中是這些或那些思想在統治
的，而不理會這些思想的「生產 *F*」和
「生產者」，*F*，那麼就可以說：例如，
在貴族統治時期佔統治地位的~~思想~~ 概
念是榮譽、忠誠，等等，而在資產階級
統治時期佔統治地位的概念則是自由、
平等，等等。*F* ~~如果統治階級愈有必要
把它的利益說成是整個 社會 F 的利
益 則這些「佔統治地位的概念」就會
採取愈普遍 F 形式。~~ 一般而言，統治
階級都是這樣在幻想的。這種所有
──主要是十八世紀以來的──歷
史書寫者所共有的歷史觀，必然會碰到

右側欄：

F 打造

F 和思想

F「統治階級的思想」從
F 使之獨立

F 條件
{ *F* 也就是說，如果完全撇開這些思想所立
  基的「個人」和「世界狀況」

F 統治的階級，一般而言，本身就會有這樣的想像：
它的這些概念原本就是居主導地位的，而它們之所
以異於之前其他階級其他時代的居主導地位的想
像，在於：它把它們說成是永恆真理。[135]

~~*F* 所有成員~~
F 和愈全面的[136]

32)　　　　　　　　　　　　　　　　　　78

這樣的現象：佔統治地位的將是愈來愈抽
象的思想，亦即愈來愈採取普遍性形式的
思想。因為每一個取前朝而代之的新階
級，為了達到自己的目的，都必須把
自己的利益表現為（darzustellen）社　　　*F* 共同利益
會所有成員的全 *F*，以觀念來表達就
是：賦予自己的思想以普遍性的形
式，把它們表現為唯一合乎理性的、　　普遍有效的。[137]
至於革命的階級，則因為它是對立於一
個階級的，所以它從一開始就不是作為階　　（普遍性符合於：1）與等級相對的階級；
級而出現的，反而是作為整個社會的代表　　2）競爭、世界交往等等；3）統治階級的
而出現的，它表現為「社會全體群眾」　　人數眾多；4）共同利益的幻想。起初這
而對立於唯一的、佔統治地位的階　　種幻想是真的；5）意識型態家的欺騙和
級。它之所以能這樣做，是因為它的　　分工。）
利益一開始確實還是與所有其餘的非
統治階級的共同利益關聯較多的、是　　在當時情況的壓力下[138]
還不能夠發展成特殊階級之特殊利益
的。因此，它的勝利也需藉助於其他沒有
取得統治地位的階級中的許多個人——
不過條件是：這種勝利可以使這些個人現
在上升到統治階級。當法國資產階級推翻
了貴族的統治之後，它使許多無產者有可
能上升到無產階級之上，但是條件是：他
們要變成資產者。每一個新的階級，因此
總是把自己的統治建立在一個比之前的
統治階級更廣的基礎上，儘管到後來，非
統治階級和現在統治的這個階級之間的
對立仍然會發展得更尖銳和更嚴重。由這
兩者所規定（bedingt）的是：對抗這個新
統治階級的鬥爭，要重新力求一個——比

ℵ 33)   79

迄今所有爭奪統治的階級所能做的還
——更堅定、更徹底的對迄今社會狀況的
否定。

只要「階級的統治」本身不再是社會制
度的形式，亦即：只要不再有必要把特殊
利益說成是~~實際上所有人所共同的~~、理論
上普遍的利益，或者把"普遍的東西"說　　成是佔統治地位的東西，[140]
那麼，「一個特定階級的統治彷彿只是某
種思想的統治」的這整個假象，當然就會
自行消失了。

一旦把「佔統治地位的思想」與「統治
的個人」*F* 分割開來，並由此作出結論說：　　*F* 尤其是與「生產方式的一定階段所產生
歷史上始終是思想在統治，這樣一來，就　　出來的各種關係」
很容易從這些不同的思想中抽象出"定
冠詞的（<u>den</u>）思想"、*F* 來當作歷史上統　　*F* 觀念（*die Idee*）等等
治著的東西，從而把所有這些不同的 個
別的思想和概念理解成那個（<u>des</u>）在歷
史中發展的「概念」的諸多"自我規定"。　　這樣也就很當然地：人們的所有關係都可
這就是思辨哲學之所事。黑格爾自己在　　以從人的概念、想像的人、人的本質、<u>定
《歷史哲學》的結尾承認：他"僅僅只考　　冠詞的</u>（<u>dem</u>）人中推導出來。
察了<u>概念之</u>（<u>des Begriff</u>）行進"，而在歷史
中表現了（dargestellt）"真正的<u>神正論</u>
（<u>Theodicee</u>）"[139]（p.446）。現在可以再回到"概
念"的代表者生產者，回到理論家、意識型態
家和哲學家，並作出結論說：哲學家 *F*，自始　　*F* 思考者本身
以來就已在歷史上統治了——這個結論，如我　　這樣，在歷史中證明「精神」是「最高統
們所看到的，早就由黑格爾提出過了。　　治」（施蒂納的教階制）的全部戲法，可
~~這樣，在歷史中證明精神之最高統~~　　以歸結為以下三個手段：
~~治，或是如施蒂納所謂的~~<u>教階制</u>，
~~這全部戲法，可以歸結為以下三個~~　　採用黑格爾式的「哲學家對世界的統
~~手段~~，而支撐它們的則是一種毫無　　治」，以及它的被聖瑪克斯轉換為教階
批判的輕信——在施蒂納那裡則是由　　制，是藉由我們這位聖人之全然無批判的
　　　　　　　　　　　　　　　　　　　　輕信而成立的，並且藉由

34)   80

一個 "神聖的"（heilige）或無可救藥的（heillose）「無知」來支撐的，這種無知，使他僅只滿足於 "瀏覽" 歷史（亦即：瀏覽 [durchzuschauen] 黑格爾式的歷史材料 [Sachen]），而不必 "知道"（wissen）許多歷史的 "東西"（Dinge）。總而言之，一旦他開始 "學" 了，他就必定要害怕不能再搞什麼 "取消和溶解" 了（p.96）[141]，也就是要陷於 "寄生蟲的勾當" [142] 裡了——這個理由確實夠充分，[使他] 不 "繼續走到" 對他自己的無知之 "取消和溶解" 裡去。

№1.第一 必須把——出於種種經驗的理由、在經驗的條件下和作為「物質的個人」而進行統治的人之——「思想」與這些進行統治的人分開來，從而承認歷史中思想或幻想的統治。

№2.第二 必須 在這些佔統治地位的思想之間 使這種思想統治具有一種秩序，必須證明：在一個接著一個的佔統治地位的思想之間，有著一種聯繫（Zusammenhang），而要做到這一點，就要把這些思想理解成 "概念的自我規定"。

思想、邏輯的 神秘的[143]

№3.第三 為了排除這種 "自我規定著的概念" 的神秘外觀，就把它轉變成一個人格—— "自我意識" ——；或者 *F* 就把它轉變成（在歷史中）代表著 "概念" 的許多人格、轉變成 "思考者"、"哲學家"、*F*，而這些人又被看作是歷史的製造者、 "監護人會議" *F*。這樣一來，就把全部唯物主義的因素都從歷史中排除了，並終於可以放心地解開思辨之馬的韁繩了。

（這樣做之所以可能，是因為這些思想藉著其經驗基礎，確實是彼此聯繫在一起的，而且也因為：它們被理解成純粹的（*bloße*）思想，就成了自我區別、由思維所做出的差別）[144]

F 為了表現得很唯物的樣子，

F 意識型態家　　定冠詞的人（*Der Mensch*），即 "思想著的人類精神"

F 作為統治者

如果要像黑格爾那樣首次為「整個歷史」以及「當代世界」之全部，做出這樣一個建構✗，那麼，如果沒有全面的實證知識、沒有對經驗歷史的至少一些片段的探究、✗，則是不可能的。反之，如果滿足於利用和改造現成給定的

✗要說明這種在德國佔過統治地位的歷史方法、尤其是說明為什麼它會佔統治地位，就必須從它與 惡 意識型態的意識「意識型態家的幻想本身」——例如那些法學家、政治家（包括實際的政治行動者）的幻想——的關聯出發、必須從這些傢伙的獨斷的夢想和曲解出發——而這些，是很容易就可以從他們的實際生活地位、他們的職業和分工來解釋的。[145]

✗ 這兩者黑格爾都做到了

✗ 沒有巨大的能量和遠見

建構來達到自己的目的，並且~~僅~~只 在個
別的例子上（例如黑人和蒙古人、天主教
徒和新教徒、法國大革命 pp）來證明這
些 "自己的" [146] 觀點，——我們的這位狂
熱者就是這樣在對抗聖物的—— 那麼，
這是完全不需要任何歷史知識的。這整個
的利用，其結果~~必定將~~必然是~~一個可笑~~
~~的結果——~~就像我們將會在聖瑪克斯
那裡~~迄今所見~~ 將會看到那樣，而如果
這種建構世界的方式從過去~~踏進（tritt）~~ 一下就跳進（*hinübergesprungen*）[148]
最近的當代（我們在 "怪想" [Sparren] [147]
裡已經看到其例子了~~，並還會繼續看到很~~
~~多這種例子~~），則更是可笑之極了。

　　至於中世紀實際的教階制，我們在此只
指出：它對於人民、對於廣大的人群來
說，是不存在的。對於廣大的群眾來說，
只有封建制才是存在的，而教階制則只有
當它本身是封建制或者是（在封建制之
內）反封建的之時，它才是存在的。封建
制本身，是以非常經驗的關係為其基礎
的。教階制以及其對抗封建制之鬥爭（這
是一個階級之意識型態家對抗這個階級
本身的鬥爭），只是封建制以及封建制內
部展開的鬥爭（也包括封建制之下各個以
封建方式組織的民族 [Nationen] 之間的
鬥爭）之「意識型態的表達」而已。教階
制╲是封建制的理想（ideale）形式，封建
制╲[是] 中世紀生產與交往關係（即個
~~人在其最直接的物質現實上的相互對待）~~
~~——對它們的鋪陳（Darstellung），歸根到~~
~~底，是 內在於兩種統 [治] 封建和 [...]~~
~~的真實基礎~~ 的政治形式。這樣，只有從
對這種實際的、物質的關係的鋪陳
（Darstellung）出發，才能解釋封建制

35)   82

對教階制的鬥爭；隨著這種鋪陳，迄今的（盲目接受中世紀幻想——尤其是皇帝和教皇在他們相互鬥爭中所提出的幻想——）的歷史觀，就自行瓦解了。

在日常生活中，任何一個小店主都很清楚如何去判別某人是「裝模作樣」還是「實際如此」，然而我們的歷史書寫卻還沒有達到這種平凡的認識。每個時代怎麼說、它就怎麼信：無論說的是自己或是想像。

由於聖瑪克斯對實際的、歷史的教階制什麼也沒說，~~F 而只是指出它曾是一個非常"虛弱的東西"，而對此又什麼都沒說，✗F 所以我們前面已經對教階制說得太多了，不過這可不是為了施蒂納而做~~的。對於這個對象之一個充分的實際的鋪陳（Darstellung），而非僅對這個「實際的鋪陳」之如上的「抽象的提醒」，或許是有人會提供給"高貴的"利己主義者施蒂納的——只要他把這個對象本身"據為己有"，並且不僅只滿足於把黑格爾關於教階制與中世紀的一些抽象〔概念〕給化約成"華麗的詞藻和貧乏的思想"。

那麼我們就進入聖瑪克斯的教階制吧。由於他聖瑪克斯把舊的僧侶統治移到新時代了，所以他只需要 也就把新時代給理解為"僧侶制"（"Pfaffentum"）了；而由於他又認為這個移到新時代的僧侶統治和舊的中世紀的僧侶統治有所不同，所以他就把前者說成是意識型態家的統治、"教書先生制"（"Schulmeistertum"）。這樣，僧侶制 ＝ 作為精神統治的教階制。

✗F 只是把黑格爾關於中世紀和教階制的一些抽象〔概念〕給化約成"華麗的詞藻和貧乏的思想"，所以根本沒有留下餘地讓我們繼續去談論進入到實際的、歷史的教階制度裡去。[149]

從以上的指引來建構一個施蒂納式的教階制-[所述] 已經可以看出：戲法也可以反過來，不僅可以把天主教理解為真正教階制的前階段，而且可以將之理解為真正教階制的否定；於是，天主教 ＝ 精神的否定、非精神、感性，這樣也就出現了我們的鄉巴佬雅各的名言：耶穌會教士"拯救我們脫離了感性的墮落與毀滅"。（p.118）如果感性真的"毀滅"了，那麼"我們"會變成什麼，這是我們無法經驗的。從十六世紀以來的整個物質運動，並不是拯救"我們"脫離感性的"墮落"，而是反之，使"感性"更加發展了，不過這個物質的運動對施蒂納來說是不存在的——帶來這一切的，莫非耶穌會教士。此外可以比較黑格爾的歷史哲學。（p.425）

84 *40)* 83

被找到。從前者產生了高度分工和擴展貿易的前提，從後者產生了地域性。在前一種情況下，各個個人必須聚集在一起，在後一種情況下，他們本身就作為生產工具而與現有的生產工具並列。這樣，就出現了「自然長成的生產工具」和「由文明創造的生產工具」之間的差異。耕地（水，等等）可以看作是自然長成的生產工具。在前一種情況下，即在自然長成的生產工具的情況下，各個個人臣服於自然，在後一種情況下，他們臣服於一個勞動產品。因此在前一種情況下，財產（地產）也表現為直接的、自然長成的統治，而在後一種情況下，則表現為勞動的統治，特別是積累起來的勞動、即資本的統治。前一種情況的前提是，各個個人透過任何紐帶—— 無論是家庭、部落或土地本身，等等—— 而相互隸屬；後一種情況的前提是，他們相互獨立，只有透過交換才被湊在一起。在前一種情況下，交換主要是人和自然之間的交換，即一邊是勞動、另一邊是產品的交換，而在後一種情況下，主要是人與人之間的交換。在前一種情況下，普通常識亦已足矣，身體活動和精神活動還完全沒有分開；而在後一種情況下，精神勞動和身體勞動間的分化必定已經實際上完成了。在前一種情況下，有財產的人對沒有財產的人的統治可以立基於人的關係、立基於一種共同體的方式；在後一種情況下，這種統治必定已經在一個第三者上，即「錢」上，取得了一個物的形貌了。在前一種情況下，存在著小工業，不過這種工業臣服於自然長成的生產工具的使用，因此不同的個人之間沒有分工；在後一種情況下，工業只有在分工之中並透過分工才會出現。

41) 　　　　　　　　　　　　　　　　　　　　　<u>84</u>

　　我們到現在為止都是從生產工具出發的，而在這裡就已經可以看得很清楚：對於一定的工業階段而言，私有財產是必然的。在採掘工業中，私有財產還是和勞動完全一致的；在小工業以及所有迄今的農業中，財產是現有生產工具的必然結果；在大工業中，才首度產生了「生產工具」和「私有財產」之間的矛盾，而要產生出這種矛盾，則大工業必定已經非常發達了。這樣，隨著大工業的發展，私有財產的揚棄也才首度可能。———

　　物質勞動和精神勞動的最大規模的分工，就是城市和鄉村的分離。城市和鄉村間的對立始於野蠻向文明的過渡、部落制度向國家的過渡、*F* 並且貫穿了文明的全部歷史，至今依然（反穀物法同盟[150]）。———隨著城市的出現，也就必然要有行政、警察、稅收等等，簡言之，必然要有共同的制度、從而有政治。在這裡首先看到的是：~~這兩大階級~~ 居民分為兩大階級，這是直接以「分工」和「生產工具」為基礎的。城市已經表明了人口、生產工具、資本、享受和需求的「集中」這個事實；而鄉村則表明的是完全相反的事實：孤立和個別化。城市與鄉村間的對立只能存在於私有制內部。它是「個人從屬於分工、從屬於某種迫使他從事的活動」的最顯著的表達，這種「從屬」把一部分人變成受侷限的城市動物，把另一部分人變成受侷限的鄉村動物，並且每天都重新產生出雙方利益間的對立。在這裡，勞動又是主要的東西、是凌越個人之上的力量；只要這種力量還存在，則私有制也就必然會存在。城市與鄉村間對立的揚棄，是

F 地域性向民族（Nation）的過渡，

42)   85

「共同體」的首要條件之一，這個條件又取決於許許多多物質前提，而且──任何人一看就知道──是不能單靠意志來實現的（這些條件還須再說明）。城市和鄉村的分離還可以理解成資本和地產的分離、理解成「資本獨立於地產而存在和發展」的濫觴──這種資本是一種財產，它的基礎僅只在於勞動和交換。

~~讓~~我們現在來~~舉例子~~。在中世紀，有一些城市不是從先前歷史中現成地繼承下來的，而是由獲得自由的農奴新建的。在這種城市裡，每一個人的特殊勞動就是他唯一的財產──除了他隨身帶著的那種小資本之外（它幾乎只是手工所最需的工具）。[1] 不斷流入城市的逃亡農奴之間的競爭；[2] 鄉村不斷攻擊城市、從而必須組織起城市的武裝力量；[3] 共同佔有某種特定勞動而形成的紐帶；*F* [7] 整個農村都是封建組織；──所有這些都是每一種手工業的勞動者聯合為行會的原因。在整個中世紀，農奴一直不斷地逃入城市。這些在鄉村遭到自己主人迫害的農奴，是個別進入城市的，他們在這裡遇見了一個有組織的團體（Gemeinde），這是他們無力反抗的，反而必須屈從於這樣一種地位：以他們那些「有組織的城市競爭對手」的利益為先、並聽憑後者根據自己的需要來擺佈他們的勞動。這些個別進入城市的勞動者永遠不可能成為一種力量，因為，如果他們的勞動是與一個行會一致的、必須培訓的，那麼行會師傅就會把他們納入旗下，並按照自己的利益來組織他們；或者，如果他們的勞動是不必培訓的、因而與行會不一致的，反而是日薪勞動，那麼就永遠組織不起來，反而始終是無組織的氓流（Pöbel）。城市中日薪勞動的必要性，創造了氓流。──這些城市是真正的"協會" [151]，它們是由直接的

F [4] 當手工業者還同時是商人的時候，必須有共同的建築物來販賣他們的商品，以及由此而來的「未經允許不得進入此建築物」[的規定]；[5] 個別手工業間利益的對立；[6] 保護辛苦學來的勞動 [手藝] 的必要性；[152]

我們這裡不必細究後來的歷史發展所引起的行會制度的多種變化。

需要，[亦即] 對財產保護的擔憂，所引起
的，目的在於增多個別成員的生產資料和
防衛手段。這些城市的氓流，因為是由個
別進入城市的、彼此素不相識的個人所組
成的——他們零零散散地相對立於一個
有組織、有武裝配備並且貪婪地盯著他們
的力量——，所以，他們毫無力量。幫工
和學徒，在每一個行業中，都是以最符合
師傅利益的方式組織起來的；~~他們之間又~~
~~會分裂，因為不同師傅的幫工，在同一個~~
~~行業中，又是彼此對立的~~ 他們和師傅
之間的宗法關係，使師傅具有了雙重的力
量：一方面，師傅可以直接影響幫工的全
部生活，其次，因為對於這些在這位師傅
手下工作的幫工來說，他們之間有一條實
際的紐帶，使他們彼此連在一起而相對立
於、並區別於其他師傅手下的其他幫工，
[所以] 最後，幫工就與現存制度扣合在一
起了——這也是因為他們 [在入行時] 早
就有了一個打算，就是自己也要變成師
傅。因此，雖然氓流至少還發動過暴動來
反抗整個城市制度——只不過由於他們
的無力而照舊沒有任何效果——，但是幫
工們卻只在個別行會內部搞一些小衝
突，而且這些小衝突本來就是行會本身
「存在」的一部分。中世紀的大規模起義全部都是從鄉村發起的，但是由於農民的分散性以
在這些城市中，資本是自然長成的資本，　　及由此而來的不成熟，這些起義也全無結果。
它是由住房、手工工具，*F* 組成的，而由
於不發達的交往和鮮少的流通，它沒有實　　*F* 以及自然長成的、世代相襲的客戶
現的可能，只好父子相承。這種資本和現
代的資本不同，它不是一種以錢來計算的
資本——若是用錢來計算，則資本究竟是
塞在這種或那種東西裡都一樣——，而是
一種直接與「[資本] 佔有者的特定勞動」
聯繫在一起的、與它完全不可分割的資
本，就這一點來說，它是等級資本。——
　　在城市中，各個個別行會之間的分工還

85 44)　　　　　　　　　　　　　87

是非常少的，而在行會內部，各個個別勞
動者之間則根本沒有任何分工。每個勞動
者都必須熟悉全部工序，所有用他的工具
能夠做的，他都必須會；個別城市之間的
有限交往和鮮少聯繫、*F* 都使得進一步的　　　*F* 居民的稀少和需要的有限，
分工不會發生，因此，每一個想當師傅的
人，都必須全盤掌握本行手藝。這樣，中
世紀的手工業者對於他們的專業勞動和
熟練技巧還是有一種興趣的，這種興趣可
以上升成某種有限的藝術感。然而也是因
此，所以每一個中世紀的手工業者都專注
於自己的勞動、安於一種「奴隸般隸屬於
這種勞動」的關係，並且比現代工人更認
命於勞動──現代工人對於他們的勞動
則毫無所謂。──

　　分工的進一步擴大，是生產和交往的分
離、是「商人」這個特殊階級的形成。這
種分離，在歷史傳承下來的城市裡 *F* 被繼　　　*F*（其中住有猶太人）
承了下來，而在新興的城市中也立刻就出
現了。這樣就產生了一個可能性：可以跨過
~~直接的~~ 鄰近地區、而與更遠的地區建立商
業聯繫，這種可能性之實現，取決於現有
的交通工具、取決於（由政治關係所規定
的）鄉間公共治安的狀況（整個中世紀，
商人都是以著名的武裝商隊東奔西跑的）
以及取決於（由不同文化程度所規定的）
交往所及地區內或粗或精的需求。──隨
著在一個特殊階級手裡所建立起來的
交往、隨著商人的對城市周遭以外地區
的商業的擴大，「生產」和「交往」之
間也立即發生了一個相互作用。城市~~脫
離孤立狀態~~ 彼此建立了聯繫，*F* ~~生產
工具~~ 新的工具從一個城市運往另一個
城市，而「生產和交往的分工」立刻也
引起了各城市間在生產上的新分工，

45)　　　　　　　　　　　　　　　　　88

每一個城市都立刻開發出了一個佔優勢
的工業部門。最初的地域侷限性開始逐
漸消失。——

　一個地方所獲致的生產力，特別是發
明，是否會在往後的發展中失傳，完全取
決於交往的擴展。只要跨越毗鄰地區而外
的交往還不存在，那麼每一種發明就必須
在每一個地方單獨被做出來；一些純粹偶
然的事件，例如蠻族的入侵，甚至是例行
的戰爭，都足以使~~大量現有的~~ 一個具有
發達生產力~~和發明長期地~~ 和高度需求的
國家必須~~長期地~~ 一切從頭開始。在歷史
的開頭，每一個發明都必須每天、在每個
地方獨立地被做出來。發達的生產力，即
使有相對而言極為擴展的貿易，也難免全
面沒落，腓尼基人的歷史 *F* 就是一例。　　*F* 以及中世紀的玻璃畫
他們大部分的發明，都因為這個民族被排
擠於商業之外、因為被亞歷山大征服，以
及繼此而來的這一民族的衰落，而長期失
傳。*F* 只有當交往變成了世界交往、並　　*F* 中世紀就是如此——例如玻璃畫。
且是以大工業為基礎的時候，只有當所有
民族都被捲入競爭鬥爭的時候，才能確保
已獲致的生產力可以繼續下去。

　不同城市之間的分工，其直接結果就是
手工工場的出現，這是從行會制度生長出
去的生產部門。手工工場一開始的繁榮—
—先是在義大利，然後是在佛蘭德[153]—
—，是以「與國外各民族的交往」為其歷
史前提的。在其他國家——例如英國和法
國——，手工工場最初則只限於國內市
場。除了上述這些前提外，手工工場還有
一個前提，就是人口（尤其是鄉村人口）
和資本都已經高度集中了——資本一部
分開始違反行會法規而積聚到行會，一部
分則開始積聚到商人這種個別人的手裡。

那種一開始就以機器——哪怕是最簡陋的機器——為前提的勞動，很快就證明自己是最有發展能力的勞動了。紡織，過去是鄉村農民為了得到自己必需的衣服而附帶從事的，但是由於交往的擴大，它搶先獲得了推動力和進一步的發展。紡織業原本是最早的、而現在仍然是最主要的工場手工業。[1] 隨著人口增長而增長的對衣物的需求；[2]「自然長成的資本」由於「流通加速」而開始的積累和運用；[3]以及由此引起的、並由於交往本身逐漸擴大而助長的「對奢侈品的需求」，所有這些都在量上和質上推動了紡織業，使它擺脫了迄今的生產形式。除了農民仍然在為了自己的需要而紡織之外，在城市裡則出現了一個新的「織布匠階級」，他們的織品是用來供應整個國內市場、而且主要是用來供給國外市場的。

紡織這種勞動，在大多數情況下都只需要一點點技巧，並且很快就可以分化成無數部門。根據這全部的特性，它抵制了行會的束縛。因此，紡織業大多在沒有行會組織的農村和小市集裡經營，這些地方後來就逐漸變成了城市，而且很快就成為每個國家最繁榮的城市。

隨著擺脫了行會的手工工場的出現，所有制關係也同時改變了。邁越「自然長成的等級資本」的第一步，是由「商人的興起」所跨出的。商人的資本一開始就是活動的、是現代意義的資本——如果在當時的情況下可以這麼說的話——。第二步是隨著手工工場而跨出的。手工工場又調動了大量「自然長成的資本」，並且使「活動資本」的數量——相對於「自然長成的資本」的數量——全面增加了。

手工工場同時也成了農民的避難所，用來對付那些排斥他們或工資很差的行會，就像過去行會城市曾是農民的避難所，

47)   **90**

用來對付土地佔有者一樣，隨著手工工場的出現，工人與資 [本家] 僱主的關係也就改變了。取代宗法關係

隨著手工工場的開始，同時也就有了一個「流浪（Vagabundenthum）時期」，這是由於：封建侍從取消了、拼湊起來的勤王軍隊解散了、*F* 從這裡已經可以看出：這種「流浪」是怎樣正好和封建制度的瓦解密切關聯的。早在十三世紀就已經出現過個別類似的流浪時期了，但是普遍而持久的流浪，則是在十五世紀末和十六世紀初才出現的。這些流浪者人數之多，以致其中單單由英王亨利八世下令絞死的就有72000 人。要讓這些人去工作，是極其困難的，只有在他們窮途潦倒而且經過長期抗拒之後，才能使他們去工作。迅速繁榮起來的手工工場，尤其是在英國，漸漸地吸收了他們。[154] ——

F 並且農業改進了、大片耕地變成牧場了。

隨著手工工場的出現，工人和僱主的關係也改變了。在行會中，幫工和師傅之間的宗法關係繼續存在；而在手工工場中，取而代之的則是工人和資本家之間的金錢關係；這種關係在鄉村和小城市中，仍然染有宗法色彩，而在比較大的、真正的手工工場城市裡，則早就失去了幾乎全部宗法色彩了。

隨著手工工場的出現，各民族也進入了一個競爭關係、進入了商業鬥爭，這種鬥爭是以戰爭、保護關稅和各種禁令來進行的——雖然這些民族在過去，只要彼此有聯繫，就曾經進行過和平的相互交換。從現在起，商業有了政治意義。

隨著美洲的發現和通往東印度的航線的發現，交往擴大了，由此，手工工場 *F* 也獲得了巨大的發展。從那裡輸入的新產品，尤其是大量的金銀，它們進入流通、完全改變了階級之間的相互關係，並且沉重地打擊了封建土地所有制和勞動者；冒險家絡繹於途、殖民地的開拓，尤其是「市場」（現在有可能、而且日愈出現）的擴大為「世界市場」，——所有這些，引起了歷史發展的一個新階段，

F 和整個生產運動

86 48)　　　　　　　　　　　91

關於這個階段的一般情況在這裡不再多談了。由於把新發現的土地變成殖民地，於是各民族間的商業鬥爭獲得了新的滋養，並相應地更加擴大和殘酷了。

商業和手工工場的擴大，加速了活動資本的積累，然而在那些沒有受到刺激去擴大生產的行會裡，自然長成的資本卻始終沒有改變，甚至還減少了。商業和手工工場創造了大資產階級，而小資產階級則集中在各行會裡：小資產階級現在已經不再像過去那樣在城市裡佔統治地位了，而是必須屈從於大商人和手工工場主的統治。這樣，行會一和手工工場接觸，就沒落了。

在我們所談論的這個時代裡，各民族彼此交往的關係採取了兩種不同的形貌。起初，由於流通的金銀數量很少，這些金屬的出口是被禁止的；而工業——它之所以變得必要，是由於必須為「不斷增長的城市人口」提供就業機會——主要是從國外引進的工業，不能沒有特權[155]，這種特權當然不僅可以用來對付國內的競爭，而且主要是用來對付國外的競爭。透過這些最初的禁令，地方的「行會特權」就擴展到整個民族了。F 美洲的金銀在歐洲市場上的出現、工業的逐步發展、商業的迅速繁榮以及由此引起的「非行會的資產階級」和「金錢」的活躍，——在在使上述各種措施有了另外的意義。國家不再 日益離不開錢，現在，出於充實國庫的考量，它仍然禁止輸出金銀；資產者對此完全滿意，對他們來說，這些新投入市場的大量金錢，是投機買賣的主要對象；過去的特權成了政府收入的來源，並且可以用來賣錢；在關稅法中出現了出口稅，這種稅對工業只是一個阻礙，

小市民
中間等級
大資產階級

F 關稅是從稅捐演變來的，這是封建主對於行經其領地上的商人所徵收的、免遭搶劫的保護費。後來各城市也依樣畫葫蘆徵收這種稅捐，而現代國家出現之後，這種稅捐是國庫進帳的最方便的手段。

A11/63

49) 　　　　　　　　　　　　　　92

它純粹以充實國庫為目的。[156]——

　　第二個時期開始於十七世紀中葉，並幾乎一直延續到十八世紀末。商業和航運發展得比手工工場更快——後者扮演的是次要的角色；**F** ~~開放的世界市場被各個爭~~ ~~相剝削的民族瓜分~~ 各民族經過長期的鬥爭，瓜分了開放著的世界市場。這個時期是從航海法[157] 和殖民地~~壟斷~~開始的。各民族透過關稅稅率、禁令和各種條約，以及~~歸根結柢~~ 來儘可能地排除它們之間的競爭，而歸根結柢，競爭的鬥爭還是透過戰爭（特別是海戰）來進行和解決的。英格蘭人成了最強大的海權民族，他們在商業和手工工場方面都佔據了優勢。這裡已經有「集中於一國」了。——手工工場繼續被保護：在國內市場上是透過保護關稅、而在國外市場上則是盡可能透過差別關稅來保護。對本國出產的原料進行加工，是受到鼓勵的（英國的羊毛和亞麻，法國的絲），**F**，進口原料的[加工] 被忽視或打壓（英國的棉花）。在海上貿易和殖民勢力上佔優勢的民族，自然也確保了自己的手工工場在量上和質上最大的擴展。手工工場是完全離不開保護的，因為只要其他國家做了一點點最小的改變，它就會失去它的市場而破產；一個國家只要稍具有利條件，就很容易引進手工工業，但也正因此而很容易被摧毀。同時，由於它的經營方式，特別是十八世紀在鄉村裡的經營方式，使得它和「廣大的個人們」的生活條件結合在一起，以致沒有一個國家敢於允許自由競爭而威脅到手工工場的生存。因此，就其外銷一面來說，手工工場是完全依賴於商業的擴大或收縮的，而它對商業的反作用則相對微小。這就使得它只有次要 [意義]，也使得十八世紀的 [商] 人具有 [主要的] 影響力。

F 各殖民地開始變成了強大的消費者，

在殖民地市場上是透過壟斷、

F 國內所產的原物料則禁止出口（英國的羊毛）

50) 93

正是這些商人，特別是船主，最迫切地
要求國家保護和壟斷；誠然，手工工場
主也要求保護並且得到了保護，但是他
們在政治意義上始終落在商人之後。商
業城市，特別是沿海城市，已經相當文
明、並且是大資產階級的了，而在工廠
城市（Fabriksstädte）裡則仍然是以小資
產階級為主。參看艾金（Aikin）pp, 十八
世紀是商業的世紀。[158] 平托（Pinto）關於
這一點說得很清楚：Le commerce fait la
marotte du siècle.（商業是這個世紀的嗜好
[木馬頭]。）以及：Depuis quelque temps il
n'est plus question que de commerce, de
navigation et de marine.（從若干時間以
來，就只有商業、航海和船隊才成為話題
了。）[159]

——雖然資本的運動已經顯著加速
了，但相對來說總還始終是緩慢的。[1]
世界市場分割成各個部分，其中每一
部分都由一個特殊的民族來剝削； [2] 各民族之間的競爭的排除；[160]
[3] 生產本身的不方便以及 [4] 剛從第
一階段發展起來的金錢制度，——所有這
些都嚴重阻礙了流通。其結果就是一種小
商人的齷齪小器的習氣：這是當時所有商
人和整個經商方式都還帶有的。他們~~雖然~~
比起手工工場主、尤其是比起手工業者，
當然是大資產者、布爾喬亞，但是如果比
起下一個時期的商人和工業家，他們就仍
然是小市民了。見 A · 斯密。——

這個時期的特徵還有：金銀出口的
禁令的廢除，金錢貿易、銀行、國債
和紙幣的出現，股票投機和有價證
券投機，各種物品的投機生意， 以及整個金錢制度的發展。[161]
資本原來還沾有著的那種「自然長成
的性質」，又有很大一部分喪失了。

在十七世紀，商業和手工工場如大江東
流擋不住地「集中於一國」——英國。這
種集中逐漸地為這個國家創造出了相對
的世界市場，因而也創造出了對這個國家
的手工工場產品的需求，這種需求是迄今
的工業生產力所不再能滿足了的。這種搶
在生產力頭前的需求，正是一個驅動力：
它引起了中世紀以來私有制發展的第三個

51)　　　　　　　　　　　　　　　　**94**

時期，因為它產生了大工業——就是把各種元素力量應用於工業目的、採用機器生產，以及實行最全面的分工——。這個新階段的其他條件——民族內部的自由競爭、理論力學的發展等等 *F*——，在英國都已「全具備了」。（本民族內部的自由競爭，到處都必須透過一場革命才能爭得——英國 1640 年 [的清教徒革命] 和 1688 年 [的光榮革命]，法國 1789 年 [的大革命]。）競爭很快就迫使每一個 *F* 國家採取新的關稅措施來保護它的手工工場了（舊的關稅已無法再抵制大工業了），並隨即在保護關稅之下，在手工工業之上引進大工業了。儘管有這些保護手段，大工業仍然使競爭普遍化了 *F*，大工業生產出了交通工具和現代的世界市場、造成了資本的快速流通、依賴 以及資本的集中 使商業臣服其下、把所有的資本都轉變成工業資本，從而產生了快速的流通（金錢制度的發展）和資本的集中。它之所以開創了世界歷史，只是因為它使得「每一個文明化了的民族」以及「其中的每一個個人的需要的滿足」都依賴於整個世界、並且消滅了各個民族迄今自然長成的閉鎖狀態。它把自然科學降屬於資本之下，並把分工的「自然長成的性質」的最後一點假象都給摘掉了。只要在勞動的範圍內做得到，它就把「自然長成的性質」一概消滅掉 *F*。它創造了現代的大工業城市——它們如雨後春筍般出現——來代替自然長成的城市。它滲透到哪裡，它就破壞了 [那裡的] 手工業和所有工業的先前階段。它完成了商業城市對鄉村的勝利。它的 [.....] 是自動化體系。[它的發展產] 生了大量的生 [產] 力，對於這些生產力來說，私 [有制] 成了它們發展的桎梏，[162]

F（牛頓所完成的力學在整個十八世紀的法國和英國都是最普及的科學）

F 想要保持它歷史地位的

F（競爭是實際的 [praktische] 貿易自由，保護關稅只是在競爭中的一個治標的辦法、是貿易自由範圍內的防衛手段）

透過普遍的競爭，大工業迫使「所有個人」的全部精力都處於最高度的緊張狀態。它盡可能地否定意識型態、宗教、道德等等，而在它力有未逮之處，它就把它們搞成明擺著的謊言。

F 並且把所有自然長成的關係都溶解成金錢關係

'87 52)　　　　　　　　　　　　　　　　　　95

正如行會是手工工場的桎梏、小規模的土地經營是日益發展的手工業的桎梏一樣。𝑭一般說來，大工業到處都產生了同樣一種「社會階級之間的關係」，從而消滅了個別民族的特殊性。最後，雖然每一個民族的資產階級都還相對其他民族而還堅守著特殊的民族利益，但是大工業卻創造出了一個階級：它在所有的民族中都有著同樣的利益、在它那裡，民族性已經被消滅了，這個階級是一個實際地脫離整個舊世界、並同時與之對立的階級。

　　當然，大工業不是在所有國家～所有地方 一個國家的每個地方都達到同樣的發展高度的。但這並不會阻礙無產階級的階級運動，因為 [1] 大工業所產生的無產者會站在這個階級 運動的前端，並且引領整個群眾跟著他們前進；而且 [2] 被大工業所排擠的工人，會被大工業置放在比「在大工業中的工人」更糟的生活處境裡。

　　這些不同的形式同時也就是「勞動組織」的形式、從而也是「所有制」的形式。在每一個時期，「現實存在的生產力」都會由於「需要」而必然地 [以某種形式] 組合起來。

　　──────

　　生產力和交往形式之間的這種矛盾，正如我們看過的，在迄今的歷史中已經發生過很多次了，但是都沒有危及它們 [生產力與交往形式] 的基礎。這種矛盾每一次都必定要在一場革命中爆發出來。此外，它同時也採取了各種不同的附屬形貌，作為衝突的整體、作為不同階級之間的衝突、作為意識的矛盾、思想鬥爭等等、政治鬥爭等等。一般人從一個狹隘的觀點出發，很容易就可以抽出其中一種附屬形貌，把它看成這些革命的基礎，何況每個個人──革命就是由這些個人出發的──都各根據他們的教育程度和歷史發展的階段，對他們自己的活動本身抱持了種種幻想。

　　──────因此，按照我們的觀點，所有的歷史衝突都根源於生產力和交往形式

𝑭 大量的 這些生產力在私有制之下，只獲得了片面的發展、成了（對大多數人來說）破壞的力量，而許多這樣的生產力在私有制之下根本完全無法運用。

它使工人不僅無法承受「工人對資本家的關係」，更且無法承受「勞動本身」。

同樣，只要「或多或少非工業的國家」由於世界交往而被捲入了普遍的競爭鬥爭之中，則「大工業發達的國家」就會影響它們。[163]

53)   96

之間的矛盾。此外，這種矛盾要在一個國家裡造成衝突，它並不一定要在這個國家本身裡臻至極致。由擴大了的國際交往所引起的「工業較不發達國家」與「工業較發達國家」間的競爭，就足以讓前者國內產生出相似 [於後者國內] 的矛盾了（例如，德國潛在的無產階級，就透過 [與] 英國工業的競爭而表現出來了）。

———

競爭把個人孤立了起來，不僅是使資產者，而且更是使無產者彼此孤立，儘管它也把他們給匯集了起來。因此要經過很長的時間，這些個人才能夠聯合起來，*F* 因此，只有經過長期的鬥爭，才能戰勝任何一個——對立於這些孤立的、生活在「每天都再生產著孤立狀態」的條件下的「個人」的——組織起來的勢力。要求相反的東西，就等於要求這個特定的歷史時代裡不應該存在競爭，或者：各個人應該把那些他們作為孤立的人所無法控制的關係，從腦袋裡給拋掉。

F 更不用說，要達成這種聯合——如果它不能僅僅是地域性的聯合，——，那麼還必須由大工業先生產出必要的手段，即大的工業城市和廉價而快速的交通。

———

住宅建築。野蠻人的每一個家庭都理所當然有自己的洞穴和茅舍，正如遊牧人的每一個家庭都有獨自的帳篷一樣。由於私有制的進一步發展，這種單個分開的家庭經濟只會愈來愈必要。在農業民族那裡，共同的家庭經濟也和共同的耕作一樣是不可能的。城市的建造是一大進步。但是，在迄今的任何時代，揚棄單個分開的經濟——這是與揚棄私有制分不開的——是不可能的，因為所需的物質條件尚未出現。共同家庭經濟的建立，要以機器的發展、自然力和許多其他生產力的利用為前提，例如自來水、

54)   97

瓦斯照明、蒸汽暖氣等，*F* 沒有這些條　　*F* 以及城鄉 [對立] 的揚棄。
件，則共同經濟將不會自己重新成為新
的生產力，[反而] 將脫離任何物質基
礎、而建立在一個純粹的理論基礎上，
就是說，將是一種純粹的奇想，只能導
致寺院經濟。──還有可能就是：往城
市的集中和為了一些個別目的而蓋的公
共房舍（監獄、兵營等）。揚棄單個分開
的經濟和揚棄家庭分不開──這是理所當
然的。──

　[在聖瑪克斯那裡常出現一句話：每個　　哲學家所說的階級先在（*Präexistenz*）。
人都可以是任何什麼，但都要透過國家才
是，這基本上等於說，資產者只是「資產
者類」的一個樣本；這句話預設了：資產
者這個階級，是在構成這個階級的「個人」
之前就已經存在了的。] [164] 在中世紀，
每個城市中的市民為了自衛，都不得不聯
合起來反對農村貴族；商業的擴大和交通
的建立，使得許多城市聯合起來，這是基
於它們反對封建主的一致利益 一些城市
認識到：其他城市在反抗這種對立上也有
同樣的利益。從個別城市的許多地域性市
民團體中，慢慢才產生出了市民階級。個
別市民的生活條件，由於與現存關係相對
立、由於（這些關係所規定的）勞動方
式，於是成了這樣一些條件：它們是他們
所共同、但又獨立於他們每個人之外的。　　*F* 市民們創造了這些條件，因為他們掙脫
F 隨著個別城市間的聯繫的出現，這些共　了封建的羈絆，但他們又是由這些條件所
同的條件發展成了階級條件。同樣的條　創造的，因為他們是由「他們自己與當時
件、同樣的對立、同樣的利益，大體來說，　封建制度間的對立」所規定的。
也應當在所有地方產生同樣的風俗習
慣。資產階級本身只是隨著它的條件才逐
漸地發展起來的，它 [後來] 根據分工而　　它首先吸納了直接隸屬於國家的那些
重新分裂為各種不同的集團，最後，它也　　勞動部門，然後是所有± [或多或少的]
把所有過去的佔有財產的階級都吸納　　意識型態等級。
到它自己裡去了 *F* ──而這是與所有　　*F* (同時它也使過去的「沒有財產的階級」
現有財產都被轉化成工業資本或商業資本　　的大部分和原先「有財產的階級」的一部
同步進行的。單個個人之所以組成階級，　　分發展成了一個新的階級，無產階級）

55)   <u>98</u>

只是因為他們必須進行一場「反對另一個階級」的共同鬥爭；除此之外，他們在競爭中就又相互敵對了。另一方面，階級相對於各個個人來說又是獨立的，這樣，這些個人就發現自己的生活條件是預先確定了的：他們的生活地位 *F*，是被階級所分派的，他們隸屬於階級。這和「個別個人隸屬於分工」是同一個現象，它只有透過私有制的揚棄和勞動本身的揚棄才能被消除。至於「個人隸屬於階級」是怎樣同時發展成「隸屬於各種想像」等等的，我們已經多次指出過了。——

    如果哲學地來看待個人的這種在他們的部分給定、部分由「給定的存在條件」的進一步形成裡 ——在「等級」和「階級」等歷史地先後相續的「共同的存在條件」裡的、以及（由此而強加給它們的）「普遍想像」裡的——發展，那麼當然就很容易想像：在這些個人裡面，有「類」或「人」發展了，或者，這些個人把「人」給發展了；這種想像，不啻賞了歷史幾個大耳光。但這樣一來，就可以把各種不同的等級和階級給理解成「普遍表達」的詳細化、理解成「類」的亞種、理解成「人」的發展階段。

    「個人隸屬於特定階級」這件事若要被揚棄，就必須先形成這樣一個階級，它除了反對統治階級外，別無要貫徹的特殊階級利益。一個階級

——

    人的（persönlichen）力量（關係）經由分工而轉化成了物的力量。要重新揚棄這個轉化，不能是來個「不作此想」，而只能經由個人之重新把這些物的力量納入轄下、並揚棄分工。沒有共同體，以及由它所提供的「個人之完全而自由的發展」則這是不可能的。只有在共同體中，才有每個個人

F 從而他們個人的發展

（費爾巴哈：存在與本質。）

'88 56)   99

全面發展其天賦的工具，也就是：只有在
共同體中，「人的自由」才是可能的。在
迄今的~~虛假的~~ 各種共同體的替代品中，
例如在國家等等中，「人的自由」只有對
那些在統治階級的關係裡發展的個人來
說，才是存在的，而且還只有當他們是這
個階級的個人的時候，才是如此。迄今由
個人聯合而成的虛假的共同體，總是相對
於他們而獨立的，同時，由於這種共同體
是一個階級聯合起來對立於另一個階級
的，因此對於被統治的階級來說，它不只
是一個完全虛幻的共同體，而且更是一個
新的桎梏。在實際的共同體裡，個人是在
他們的聯合中並透過這種聯合，而同時~~擁
有~~ 獲得他們的自由的。── 個人總是從
他們自己出發的，不過當然是內在於「既
存歷史條件和關係」的自己，而不是意識
型態家們意義下的"純粹的"個人。然而
在歷史發展的進程中，而且正是由於（在
分工中所必不可免的）~~歷史~~ 社會關係的
獨立化，就出現了一個「每個個人生活」
上的區別：一方面是他「個人的」
（persönlich）生活，另一方面是「臣服於」
無論哪一個勞動部門、以及該勞動部門所
屬的各種條件的生活。（這不能被理解
為，彷彿，例如食利者和資本家等等，已
不再是個人 [Person] 了，反而，他們的
個性 [Persönlichkeit] 是由極其確定的
[bestimmte] 階級關係所限定 [bedingt]
和~~形塑 [modifizirt]~~規定 [bestimmt]
的，上述區別只有在他們與另一個階級的
對立中才出現，也只有當他們破產時，才
出現在他們自己身上。）這在等級中（尤
其是在部落中）還是隱蔽的：例如，貴族
總是貴族，平民總是平民，不管他的其他
關係如何，這是一種與他的個人性
（Individualität）分不開的品質。「個性的
（persönliche）個人」與「階級個人」的差
別、只是隨著階級的出現才 [出] 現的，
而階級本身就是資產階級的產物。只有個人相
互間 [的] 競爭和鬥爭才產 [生和發] 展了

個 [人] 生活條件的偶然性，[165]

57)　　　　　　　　　　　　　<u>100</u>

這種偶然性本身。因此，在想像裡，個人在資產階級的統治下是比先前自由的，因為他們的生活條件對他們來說是偶然的；其實，他們當然更不自由，因為更臣服於物的暴力。等級的差別，在資產階級與無產階級的對立中尤其凸顯。當市民等級、同業公會等等起來反對農村貴族的時候，它們的生存條件，即動產　和手藝[166]　~~作為某種~~——這是在它們解脫封建的紐帶之前就已潛存了的——表現為一種有效地對抗封建土地所有制的、積極的東西，因此起初也以它們自己的方式重新取得了一種封建形式。誠然，逃亡農奴認為，他們迄今的農奴地位對他們的個性（Persönlichkeit）來說是某種偶然的東西。但是，他們在這裡所做的，不過就只是每一個要掙脫枷鎖的階級所做的，再者，他們不是作為階級而解放的，而是個別零星地解放的。更且，他們也沒有從等級制度裡跨出去，反而只是形成了一個新的等級，並且即使在新的地位中，也還保持了他們過去的勞動方式，雖然也由於他們把這種勞動方式從它迄今的、不 [再] 適應於它所達到的發展高度的桎梏中解放了出來，因而繼續把它發揚光大了。——反之，在無產者這裡，他們自身的生活條件、勞動，以及從而當今社會的整個存在條件，都已經對他們變成某種偶然的東西了，單個的無產者是無法加以控制的，　而且他們 [全體] 也不能有任何社會的（<i>gesellschaftliche</i>）組織加以控制。[167]　而單個無產者的個性（Persönlichkeit）和強加於他的「生活條件」、勞動，之間的矛盾，對他本身是顯而易見的，尤其是因為他從小就是被犧牲的、因為他沒有機會在他的階級之內獲得那些使他轉為另一個階級的條件。——

A11/72

58)　　　　　　　　　　　　　　101

注意。不要忘記：單是「使農奴活下去」
的「必要性」和大經濟的「不可能性」（這
就導致把小塊土地分給農奴），很快就使
農奴對封建主的義務降低到平均水平的
實物貢租（Naturallieferungen）和徭役
（Frohnleistungen），這就使農奴有可能積累
一些動產，因此方便逃出自己領主的領
地，並使他有了個「上升為市民」的願景，
同時還引起了農奴的分化，可見逃亡農奴
已經是半個市民了。這裡同樣也可以清楚
地看到：掌握了某種手藝的農奴最有可能
獲得動產。——

────────

　　這樣，雖然逃亡農奴只是想自由地發展
他們已然現成的生存條件、使之發揮作
用，並因而——說到底就只是——達成
「自由勞動」，但是無產者為了實現自己的
個性，卻必須揚棄他們自己迄今的存在條
件 F，即勞動。他們從而也就與那種——　　**F** 它同時也是整個迄今社會的存在條件，
「社會中的個人」迄今都用來把自己表達
為一個整體的——形式、與國家，處於直
接的對立中，他們必須推翻國家，才能實
現自己的個性。

──

　　從前面整個說明裡可以看出：~~在任何一~~
~~個歷史時期，解放了的個人只是進一步~~
~~發展了他們已有的、給定的存在條件。~~
~~社會~~ 一個階級中的各個個人會進入一
種「共同的關係」，這種關係是由他們的
——相對於第三者的——共同利益所限
定（bedingt）的，它始終是這樣一個共
同體：它的成員是這些個人，不過他們
只有作為「平均的個人」、只有當他們生
活在他們階級的存在條件之中的時候，
才是這個共同體的成員，他們不是作為
個人、而是作為階級成員，才參與到這
個關係裡的。反之，「革命的無產者」的
共同體把「他們所有社會成員的存在

59)   102

「條件」都置於他們的控制之下，情況就正好相反了：個人是作為個人而加入它的。它正是這樣一種個人的聯合（當然是在「此時生產力已發達了」的前提下）：這種聯合把「個人的自由發展和運動」的條件置於他們的控制之下，——這些條件，迄今都是拱手讓給偶然性的，而正是由於他們分裂成為個人，**F** 於是這些條件乃對立於單一個人而自我獨立了。迄今的聯合絕不只是一個任意的 **F**、反而是必然的聯合[或一致同意（Vereinigung）] **F**、是對於（über）這些條件的一致同意（Vereinigung）：就是在這些條件下，個人享用了偶然性。這種得以在一定條件下不受阻礙地享用偶然性的權利，迄今一直被稱為政治的 「人的（persönliche）自由」。——這些存在條件，當然只是在在的（jedesmaligen）生產力和交往形式。——

F、由於他們的必然聯合（這種聯合是由分工造成的、並且由於他們的分裂 [成個人]，而變成了一種異於他們的紐帶），
F 像例如《社約論》[168] 中所描繪的那樣
F 參考例如北美國的形成和南美諸共和國

　　共產主義和迄今所有的運動不同之處在於：它徹底推翻迄今所有生產關係和交往關係的基礎、第一次有意識地把所有「自然長成的前提」看作是迄今個人 人類的創造物、解除它們的「自然長成性」，並使它們降服於「聯合起來的個人」的權力之下。共產主義的建立，因此基本上是經濟性質的，是從物質上生產出「這個聯合所需的各種條件」；它 [共產主義的建立] 把現存的條件變成聯合的條件。共產主義所創造的「現狀」，正是一個實際基礎（wirkliche Basis），以使所有獨立於個人之外的「現狀」都變得不可能（Unmöglichmachung）——只要這種「現狀」仍然只是迄今個人之間交往本身的產物——。這樣，共產主義者實際地（praktisch）把迄今由「生產和交往」所產生的「條件」看作「無機的」，但是並不幻想以為：正是迄今各個世代的計畫和使命，為他們提供了資料，也不相信：這些「條件」對於「創造出它們的個人」來說是「無機的」。

🐍 60)   103

「個性的個人」（persönliches Individuum）
與「偶然的個人」（zufälliges Individuum）[169]
之間的差別，不是概念上的差別，而是一
個歷史事實。這種差別在不同的時期有著
不同的意義，例如，在十八世紀時，等級
對於個人來說就是某種偶然的東西，家庭
或多或少也是如此。這種差別不是我們要
去為每個時代劃定的，而是每個時代在它
當時的各種不同的元素之間自己劃定
的，而且不是根據概念，而是由物質的生
活衝突所強迫劃定的。對後來的時代表現
為──與先前的時代相反──「偶然的」
的東西（也包括先前時代傳給後來時代
的各種元素），是一個──與生產力的一
個特定發展相適應的──交往形式。「生
產力」與「交往形式」的關係，就是「交
往形式」與「個人的~~自主活動（Selbstbe-
thätigung~~」的關係。（這種~~自主~~活動
[Selbst*b*Bethätigung][170] 的基本形式當然
是物質的，所有其他精神的、政治的、
宗教等等的活動，都依賴於它。物質生
活的各種不同樣貌，當然每個都依賴於
「已經發展了的需求」，而無論是這些需
求的「產生」或「滿足」，本身都是一個
歷史過程，這種歷史過程在羊或狗那裡是
沒有的 *F*，儘管羊或狗目前的樣貌無疑是
──但是無視於牠們的意志──歷史過
程的產物。）[171] 個人是在一些條件下相互
交往的，在矛盾尚未出現時，這些條件是
他們的個性的一部分，而不是什麼對他們
來說外在的東西，在這些條件下，這些
特定的、存在於特定條件 關係中的個
人，可以獨力生產出自己的物質生活以
及與這種物質生活有關的東西，因而這
些條件是個人的「自主活動」的條件、
並且是由這種自主活動產生出來的。因
此，他們進行生產所依憑的特定條件，

行動（*Thätigkeit*）或活動（*Bethätigung*）[172]

違逆的（widerhaariges）[173]
F（施蒂納的主要論據：adversus hominem
相反於人）[174]

交往形式本身的生產。

61)   <u>104</u>

在矛盾尚未出現時，也是相應於他們實際
的限制性、他們片面性的存在的，這種存
在的片面性只有在矛盾出現時才會顯現
出來，因而是對於後人來說才存在的。這
時這種條件才表現為一個偶然的桎梏，而
「這是桎梏」的這種意識，也才會被硬塞
給先前的時代。——這些各種不同的條
件，起初是自主活動的條件，後來卻變成
了它的桎梏，它們在整個歷史發展過程中
形成了一個彼此關聯的「交往形式的序
列」，它的關聯就在於：早先的、已成為
桎梏的交往形式，被一個新的、適應於較
發達的生產力、從而也適應於「個人自主
活動」的進步方式的交往形式所代替；這
個新的交往形式又會再度成為桎梏，然後
又為別的交往形式所代替。由於這些條件
在每一個階段都是與同一時期的生產力
的發展相適應的，所以它們的歷史同時也
就是——發展著的、由每一個新的世代承
接下來的——生產力的歷史，從而也是個
人本身力量發展的歷史。

由於這種發展是自然長成地進行的，
亦即：並不服從於「自由聯合起來的個
人」的一個共同計畫，所以它是從各個
不同的地域、部落、民族和勞動部門等
等出發的，其中的每一個，起初都是獨
立於其他而發展的，後來才逐漸與其他
有所關聯。更且，這種發展非常緩慢；
各種不同的階段和利益從來沒有被完全
克服，反而只是降屬於獲勝的利益之
下，並且跟著後者拖延數世紀之久。*F*
由此也解釋了：為什麼在某些個別的點
上，原本是允許作出更普遍的總結的，

F 由此可見，[1] 甚至在一個民族內，各
個個人，即使撇開他們的財產關係不談，
都有各種完全不同的發展；以及 [2] 一個
早期的利益，在它特有的交往形式已經被
一個「屬於後期的利益」的交往形式給排
擠了之後，仍然會在一個——相對於個人
而獨立的——虛假的共同體（國家、法）
裡，長期佔據一種傳統權力、一種說到底
只能由革命來打破的權力。

62)   105

但是意識有時卻可以彷彿超過當時代的
經驗關係，以致在一個較後時代的鬥爭
中，可以把早先的理論家當作權威來倚
靠。——相反地，有些國家，例如北美，
它們打從頭就是在一個已經發達的歷史
時代開始的，所以它們的發展極為迅速。
在這些國家中，除了移居到那裡去的個人
之外，就沒有任何其他自然長成的前提
了，而他們之所以移居那裡，是由於老國
家的交往形式已經不適應他們的需要
了。所以，這些國家是從「老國家裡最進
步的個人」開始的，因而也就是從「相應
於這些個人的最發達的交往形式」開始
的，而這種交往形式，是當時在老國家裡
還沒有能夠實行的。所有殖民地都是如此
——只要它們不僅僅是一些軍事據點或
貿易據點。迦太基、希臘的殖民地以及 11
和 12 世紀的冰島可以為例。征服也會有
類似的關係——如果被征服國家裡原封
不動地搬來了一個在另一塊土地上發展
起來的交往形式的話；雖然這種交往形式
在它的祖國還受到先前時代留下來的利
益和關係的牽絆，但是它在這裡就能夠而
且必定會充分地、毫無阻礙地實行了，   儘管這是為了確保征服者能夠長久統治[177]
（英格蘭和那不勒斯在被諾曼人征服之
後，獲得了最完善的封建組織形式）。[175]—
—

┌[176] 這整個「歷史觀」似乎是與「征
服」的事實相矛盾的。暴力、**F** 等等，迄今   **F** 戰爭、掠奪、搶劫
都被當成了歷史的動力。我們在這裡只能提
綱挈領，因此只舉其犖犖大者為例：古老
文明的被蠻族摧毀，以及與此相扣的：一
種新的社會結構的重新來過（羅馬和蠻
人，封建和高盧人，東羅馬帝國和土耳其人）。

63)   106

對於征服者的蠻族來說，戰爭本身，如前所說，還是一種規律的交往形式；在因襲的、該民族所唯一可能的簡陋生產方式下，當人口的增長愈來愈需要新的生產資料的時候，戰爭這種交往形式就會愈來愈被頻繁利用。反之，在義大利，由於地產的集中，所以自由民幾乎完全消失了，甚至奴隸也不斷死亡、因而必須不斷以新的奴隸替補。奴隸制仍然是整個生產的基礎。介於自由民與奴隸之間的平民（Plebejer），從來就沒有超出流氓無產階級（Lumpen-proletariat）的範圍。總地來說，羅馬從來沒有走出過城市 [羅馬城]，它與各行省之間，[既然] 幾乎僅僅只有政治上的聯繫，[那麼，] 這種聯繫當然也就能被政治事件切斷。

（這除了是由收購和負債造成的，也是由繼承造成的，因為一些古老的氏族由於過度縱慾和不婚而逐漸滅亡，他們的財產遂落入少數人之手）、由於土地變成了牧場（這除了是由向來的、且至今仍然起作用的經濟原因造成的，也是由於進口了掠奪來的和進貢的穀物、以致義大利的穀物乏人問津所造成的）[178]

————————

再沒有比這樣的想像 [或想法] 更通常的了：歷史中迄今的重點都只在於<u>攫取</u>（<u>Nehmen</u>）。蠻人攫取了羅馬帝國，這個攫取的事實通常被用來解釋從古代世界向封建制度的過渡。但是在蠻人的攫取下，重點在於：被拿下的民族（Nation），是否已經——像現代民族（Völkern）那樣——發展出了工業生產力，或者：它的生產力是否主要僅只奠基於「它的聯合」和「共同體」。更且，攫取受限於（bedingt）被攫取的對象。一個銀行家的財產（Vermögen）只存在於紙上，如果攫取者不臣服於被攫取國家的生產條件和交往條件，那麼他就完全無法取得這個銀行家的財產。一個現代工業國家的全部工業資本，亦然。最後，在任何地方，攫取都很快就結束了，一旦不再有東西可以攫取，就必須開始生產。從這種很快就出現的「生產的必要性」中可以得知：

安頓下來的征服者所採納的共同體形式，必須適應於他們所面對的生產力的「發展階段」，或者，如果起初情況不是這樣，那麼這個共同體形式就必須按照生產力來改變。這也解釋了——民族大遷移後一段時期裡到處可見的——一個事實，即：奴隸〔才〕是主人，而征服者很快就被被征服者的語言、教育和風俗接收了。——封建制度絕不是從德國現成搬去的，反而，它起源於征服者在進行征服時軍隊的「作戰組織」，而且這種組織只是在征服之後，由於受到被征服國家現存的生產力的影響，才發展為究竟義的封建制度的。這種形式在多大程度上受到生產力的限定（bedingt），只要看看這一點就清楚了：許多試圖推行其他——源自對古羅馬之追念的——形式的嘗試都失敗了。（卡爾大帝[179]等等）

待續——

————

在大工業和競爭中，各個個人的全部生存條件，都融合成了兩個最簡單的形式——私有財產和勞動。錢使得任何交往形式和交往的本身都對個人來說成為偶然的。*F* 另一方面，個人本身完全臣服於分工之下，從而被置於最全面的相互依賴之中。私有財產，只要是內在於勞動之中而與勞動相對立的，則就是從積累的必然性裡發展出來的，而且起初還仍然有著共同體的形式，但是在以後的發展中則會愈來愈接近現代形式的私有財產。透過分工，也老早就有了勞動條件、工具和材料的區分，從而「積累起來的資本」之分割給各個有財產的人，

個人（Person）

限制性，片面性

F 亦即，在「錢」裡已經蘊含了：所有迄今的交往都只是個人之間在特定條件下的交往，而不是「個人作為個人」之間的交往。這些條件可以化約為兩種：[1] 積累起來的勞動或私有財產；或 [2] 實際的勞動。如果二者缺一，則交往就會停止。現代的經濟學家們自己，如西斯蒙第（Sismondi）[180]、舍爾比利埃（Cherbuliez）[181]等人，就把「個人的聯合」與「資本的聯合」給對立了起來。

✗從而資本和勞動之間的分割，以及財產本身的各種不同形式。[182]

65) 108

分工愈發達、積累愈增加，則這種分割也
就發展得愈尖銳。勞動本身只能在這種分
割的前提下存在。

————

（個別民族——德國人和美國人——的
個人之人的能量，由種族雜交而來的能
量，——因此德國人是呆小症式的；在法
國、英國等等是異族人移居於已經發達的
土地上，在美國是移居於一塊全新的土地
上，在德國，自然長成的居民安坐不動。）

————

　這樣，就看到了兩個事實。第一，生產
力表現為一種完全獨立於並脫離於個人
的東西，表現為與各個個人並存的一個獨
立世界，其理由是：個人——他們的力量
就是生產力——是分散地並彼此對立地
存在著的，而另一方面，這些力量又只有
在這些個人的交往和聯繫中才是實際的
力量。因此，一方面是生產力的整體，它
們彷彿取得了一個物的形貌，並且對於個
人本身來說已經不再是個人的力量，而是
私有財產的力量了，因此，生產力是個人
的力量，就只有當個人是私有財產者的時
候使然了。生產力從沒有在以前任何一個
時期裡，採取過這種對於「個人作為個人」
的交往完全無關的形貌，因為他們的交往
本身還是一種受到侷限的交往。另一方面
是站在這些生產力對面的大多數個人，他
們脫離於這些生產力，因此被剝奪了所有
實際的生活內容、成了抽象的個人，然而
正因為這樣，他們才有可能作為個人而彼
此結合。

　勞動，這個他們還與生產力、與他
們自己的存在之間所保持的唯一關
聯，在他們那裡也已經失去了任何自
主活動的假象了，而它之所以能維持

西斯蒙第[183]

他們的生活，只是因為它摧殘了他們的生活。在過去的各個時期，自主活動和物質生活的生產是這樣區分的：它們〔一起〕落在各個不同的人身上，並且，由於個人本身的侷限性，物質生活的生產還只是一個從屬於自主活動的方式，但是現在，它們卻破裂至此，以致~~自主活動~~物質生活完全表現為目的，而這種物質生活的生產，即勞動 *F*，則表現為手段。

這樣一來，~~發展成整體（Totalität）、並且與「普遍交往」相關的生產力，就完全不能夠再被個人佔據了~~ 個人就必須去佔有「現有生產力的整體」了，這不僅是為了使他們能自主活動，而且完全就是為了確保他們的存在。這種佔有，首先受制於（bedingt）所要佔有的對象——即已經發展成了一個整體、並且只有在普遍交往之內才能存在的生產力。因此，僅就這一點來說，這種佔有就必定具有一種「與生產力和交往相適應的」普遍性質。~~它還受制於〔…〕個人~~ 對這些力量的佔有本身，不過就是「與物質生產工具相適應的」個人能力的發展。對「生產工具的一個整體」的佔有，因此也就是個人本身的「能力的一個整體」的發展。其次，這種佔有還受制於（bedingt）進行佔有的個人。只有被排除在所有自主活動之外的當代無產者，才能夠實現他們的完全的、不再受侷限的自主活動，也就是對「生產力的一個整體」的佔有，以及由此而來的「能力的一個整體」的發展。過去的所有「革命的佔有」都是有侷限的；個人的自主活動〔既然〕受到了「有限的生產工具」和「有限的交往」的束縛，〔於是〕他們所佔有的，也就只是這種有限的生產

F（它現在是自主活動的唯一可能的形式，然而正如我們看到的，也是自主活動的否定形式）

完全[184]

67)　　　　　　　　　　　　　　　　　　　　　<u>110</u>

工具，因而也只是把生產工具帶進了一個
新的限制裡。他們的生產工具成了他們的
財產，但是他們本身卻始終臣服於分工和
自己的生產工具之下。所有迄今的佔有，
都始終使一大群個人臣服於一種唯一
的生產工具之下；無產者的佔有，則必須
使一大群生產工具臣服於每一個個人之
下、*F*。現代的普遍交往，若要臣服於各　　　*F* 使財產臣服於全體之下
個個人之下，則唯一的辦法就是：使它臣
服於全體之下。—— 更且，佔有還受制
於：實現佔有所必須採取的方式。佔有要
實現，就只有 [1] 透過聯合——而這種聯
合，由於無產階級本身的性格，又只能是
一種普遍的聯合——；和 [2] 透過革命，
在革命中，一方面，「迄今的生產方式和
交往方式」的權力以及「社會構造
（Gliederung）」的權力都將被打倒，另一方
面，無產階級的普遍性格，以及無產階級
實行這種佔有時所必需的能量，都將會發
展起來，更且，所有——由於無產階級迄
今的社會地位而——還留在它身上的東
西，無產階級都會將之清除殆盡。

　　只有到了這個階段，「自主活動」才與
「物質生活」合而為一，而與之相應的，
則是個人向「完全個人」的發展，以及所
有「自然長成性」的清除；此外，「勞動」
向「自主活動」的轉化，也相應於：「迄
今被限定的（bedingte）交往」向「個人作
為個人的交往」的轉化。隨著聯合起來的
個人對整體生產力的佔有，私有財產也就
終止了。雖然在迄今的歷史中總是有一個
特殊的條件表現為偶然的，但是現在，各
個個人自己的獨自活動（Absonderung）、
每一個人自己特殊的私人營生（Privat-
erwerb），才成為偶然的。

　　那些不再臣服於分工之下的「個人」，

N 68) 　　　　　　　　　　　　　　　　111

被哲學家們想像成了理想、名之曰"人"
（der Mensch），他們把我們所闡述的整個發
展過程理解成了"人"的發展過程，這樣，
"人"就被硬塞給了迄今每一歷史階段中的
各個個人，並且被說成是歷史的動力。整個　　　　　　　　　自我異化
過程就這樣被理解成了"人"的自我異化過
程，這主要是來自： 後來階段的「普通個
人」（Durchschnittsindividuum）總是 [被]
硬塞給了先前的、後來的意識 [被] 硬塞
給了先前的個人。透過這種翻轉——它一
起手就撇開了各種實際條件——，才有可
能把整個歷史轉化成一個意識的發展過
程。——

　　市民社會包括個人之間（在生產力的
特定發展階段上）的全部物質交往。它包
括一個階段中的全部商業生活和工業生
活，因此也超出了國家和民族的範圍之
外，儘管另一方面，它對外仍必須作為民
族起作用，對內則必須組成為國家。"市
民社會" 這個字眼是在十八世紀出現
的，當時財產關係已經從古代的和中世紀
的共同體中掙脫出來了。市民社會作為市
民社會，是隨著布爾喬亞才發展起來的；
「直接從生產和交往中發展出來的」社會
組織，在所有時代都形成了「國家」以及
其他的「唯心論上層建築」的基礎，但是
卻可以同樣會沿用這個名字 [市民社會]
來指稱———。

　　「國家和法」對「所有制」的關係。 —
—所有制的第一個形式，無論是在古代世
界或中世紀，都是部落所有制，它在羅馬
人那裡主要是由戰爭決定的（bedingt）、在

69)　　　　　　　　　　　　　　　　112

日耳曼人那裡則是由畜牧決定的。*F* 在那些從中世紀發跡的民族那裡，部落所有制經過了幾個不同的階段——封建地產、同業公會的動產、手工工場資本—— 一直發展成現代的、由大工業和普遍競爭所規定的資本，即純粹的私有財產：它拋棄了共同體的所有假象、並排除了國家對財產發展的所有影響。這種現代私有制是與現代國家相適應的：現代國家由於稅收而逐漸被私有財產者所收買、由於國債而完全落到他們手裡，它的存在完全依賴於（私有財產者，即資產者，所提供給它的）商業信貸——因為國家證券的漲跌是在交易所裡進行的——。由於私有制從共同體裡解放出來了，所以國家就成了在市民社會之側並且之外的一個特殊存在；但是它不外只是資產者為了對外和對內相互保障其財產和利益，所必然採取的一種組織形式。因為資產階級已經是一個<u>階級</u>，而不再是一個<u>等級</u>了，所以它不得不在民族範圍裡、而不再是在一個地區裡組織起來，並且為它的平均利益賦予一種普遍的形式。國家（Staat）的獨立性，目前只有在這樣一些國家（Ländern）裡才存在：在那裡，等級還沒有完全發展成為階級、（比較進步的國家中已被消滅的）等級還起著某種作用，並且還存在著某種混合體；因此在這些國家裡，居民的任何一部分都不能統治其他部分。德國的情況就正是如此。現代國家的最完善的例子就是北

F 在古代民族中，因為一個城市裡聚居著好幾個部落，因此部落所有制就表現為國家所有制，而個別人的 [財產上的]權利則表現為單單的佔有，但是這種佔有，和部落所有制本身一樣，僅僅限於地產。究竟義的私有制，在古代和現代民族中，都是隨著動產才開始的。——（奴隸制和共同體）（古羅馬完全公民的所有權 dominium ex jure Quiritum）

70)   <u>113</u>

美。晚近一些法國、英國和美國的作家都
一致認為，國家只是為了私有制才存在
的，可見，這一點已經轉入日常意識裡去了。

　　既然國家是一個統治階級中的「各個個
人」藉以使其「共同利益」合理化（geltend
machen）的形式、*F* 那麼結果就是：所有　　*F*〔並且是一個時代的「整個市民社會」
「共同的制度」都是以國家媒介起來的、　　　藉以綜述它自己的形式，
都獲得了一個政治形式。由此產生了一種
幻想，彷彿法律是以意志為基礎的，甚至
是以脫離其實在基礎的意志、<u>自由</u>意志，
為基礎的。然後，權利又同樣被化約為法
律（Gesetz）。

　　私法 [私人權利]¹⁸⁵ 和私有制是從「自
然長成的共同體」的「解體」中同時發展
起來的。在羅馬人那裡，私有制和私法的
發展並沒有引發工業和商業的後果，因為
他們的整個生產方式沒有改變～而且這個　　（放高利貸！）
~~發展不是由工業與商業之擴展而來的~~。在
現代民族那裡，工業和商業瓦解了封建的
共同體，於是隨著私有制和私法的出現，
就開始了一個——能夠進一步發展的——
－新階段。中世紀第一個進行擴張的海上
貿易的城市阿馬爾菲（Amalfi）¹⁸⁶，早在建
城之初就制定了海商法。當工業和商業進
一步發展了私有制的時候，鉅細靡遺的羅
馬私法就立刻——首先在義大利，隨後在
其他國家——被重新採納並提高為權威
了。後來，當資產階級獲得了巨大的力
量，以致君主們也照顧起它的利益、好借
助資產階級來摧毀封建貴族的時候，所有
國家——法國是在十六世紀——也就開
始了法 [權利] 的真正的發展了，這種發展，

A11/85

71)   <u>114</u>

在所有國家裡（除了英國），都是以羅馬法典為基礎的。即使在英國，為了私法（特別是動產）的進一步完善，也必須接納羅馬的法原則。（不要忘記，法也和宗教一樣是沒有自己的歷史的。）

在私法 [私人權利] 中，現存的財產關係被說成是普遍意志的結果。「使用和濫用的權利」（jus utendi et abutendi）本身，就一方面表明了一個事實：私有財產已經完全獨立於共同體之外了，另一方面則表明了一個幻想，彷彿私有財產本身是以 *F* 單純的私人意志為基礎的。其實（in der Praxis），「濫用」（abuti）對於私有者是有著極為確定的經濟界限的，如果他不想看到他的財產、從而他「濫用的權利」（jus abutendi）轉入他人之手的話；因為，一個物，如果僅僅從私有者的意志方面來考察，則它根本就不是物；物只有在交往中、並且獨立於「對物的權利」之外時，才成為實際的財產（[這是一種<u>關係</u>，哲學家們稱之為觀念）。──這種──把法 [權利] 化約為純粹意志（Willen）的 ──法律上的幻想，必然會導致：某人可以對某物享有一個法律上的資格（Titel），但並不實際上擁有該物。例如，由於競爭，某一塊土地的地租沒有了，但是這塊土地的所有者還是享有他法律上的資格，包括「使用和濫用的權利」。但是這根本不能讓他做任何事情：只要他除此之外並沒有足夠的資本來經營他的土地，則他就僅僅只是佔了一塊土地而已。法學們的這種幻想說明了：~~個人彼此所處的所有關係、這種對法學家們來說完全偶然 任意的關係、從他們~~看來，各個個人之彼此出現在關係 *F* 裡，完全是偶然的，並且這些關係是人們 [可以] 隨意進入或不進入的，

F「對物的任意支配」這種

對哲學家們來說關係＝觀念。他們只知道 "定冠詞的（*des*）人" 對自身的關係，因此，所有現實的關係，對他們來說，都成了觀念。

意志，不過，意志現實的等等（*D. Willen aber d Wille wirkliche etc.*）[187]
在私有財產關係的進一步發展中[188]

✕以及任何法典

F 例如契約，它的內容

~~也就是完全基於個人的任意~~。而它們的
內容，則完全基於締約雙方的個人的任
意。——只要工業和商業的發 [展] 形成
了新的 [交] 往形式，[例] 如保險公司等
等，法 [權利] 就必須承認它們都是「獲
得財產的方式」。

分工對科學的影響。
在國家、法、道德等中的東西，<u>鎮壓</u>。
資產者之所以必須在法律中給出一個普
遍的表達，正因為他們是作為階級而統治
的。
自然科學和歷史。
沒有政治、法律、科學等等，藝術、宗教
等等的歷史。

───────

<u>為什麼意識型態家把所有東西都顛倒了</u>。
宗教家、法學家、政治家。
法學家、政治家（所有搞政治的人
Staatsleute überhaupt）、道德家、宗教家。
一個階級內部的這種「意識型態劃分」，
1）<u>由於分工而使職業獨立了</u>；每個人都
把他的手藝當作真的。他們必然會對「他
們的手藝與實際之間的關聯」有些幻想，
因為手藝本身的性質就規定了這件事。關
係會在法律、政治等等——在意識中變成概
念；由於他們沒有超出這些關係，所以這
些關係的概念也就是他們腦袋裡的固定
的概念，例如法官運用法典，因此對他來
說，「立法」就是真正的主動的推動力。
尊重他們的商品，因為他們的職業與普遍
者有關。
法的觀念。國家的觀念。在<u>慣常</u>的意識
中，東西是用頭站立的。

───────

<u>宗教一開始就是超越（*Transcendenz*）的
意識</u>，是從實際的勢力中出來的。通俗。

           …

傳統，f. 法、宗教等。

在古代國家、封建制、絕對君主中所表現
出來的"共同體"，這種紐帶尤其符合宗
教的想像。

<u>116</u>

個人向來都是從自己出發的，現在仍然如
此。他們的關係是他們實際生活過程的關
係。他們的關係會相對於他們而獨立、他
們自己的生活的力量會凌駕他們之上，這
是從何而來的？

　一句話：<u>分工</u>，它的程度依賴於一次一
次發展的生產力。

　地產。公社財產，封建的、現代的［財
產］。

　等級財產。手工工場財產。工業資本。

I

══════

費爾巴哈

唯物主義與唯心主義
觀點的對立

══════

附錄 I 《德意志意識型態》第一卷序言原始手稿[*]

序言

人們迄今總是搞出了一些關於自己的錯誤想像（falsche Vorstellungen），關於 他們想像 ~~（bildet sich ein）~~ 自己是這樣或那樣，關於他們「是什麼」和「應該是什麼」的想像。他們根據他們對於神、對於「正常人」（Normalmenschen）等等的想像，來安排他們 [自己的] 關係。他們腦袋產生出來的產物，對他們來說，是在腦袋外面（über den Kopf）成長出來的。他們這些「創造者」在他們所創造的東西之前伏首。讓我們把他們從這種腦袋中的糾結（Hirngespinsten）、觀念、教條、想像的本質（eingebildeten Wesen）裡解放出來吧！他們在這些枷鎖下已奄奄一息了！讓我們反抗這種思想的統治吧！讓我們來教導他們：用「符合人本質的」思想（Gedanken）來替換想像（Einbildungen）吧！一個人說。以批判的方式對待這些東西吧！另一個人說。從腦袋裡丟掉這些吧！第三個人說。而——~~現實世界~~ 現存的實際（bestehende Wirklichkeit）就這樣~~自己~~崩塌了。

這樣的無辜而幼稚的幻想（Phantasie），就是現在 [~~最近的 neueren~~] 青年黑格爾哲學的核心。這種哲學，在德國，不僅公眾以滿懷的畏懼和虔敬來接受，而且哲學英雄們也以一種「顛覆世界的危險性」和「不怕被治罪的堅決性」的意識，而鄭重其事地提出來。本書第一卷的目的，就是去揭露這些自以為是狼、而且別人也以為牠們是狼的羊，的真面目；是去指出：牠們是如何只以哲學的方式，隨著德國資產階級（Bürger）的想法咩咩叫而已；這些哲學宣講者的吹牛（Prahlereien），是如何只反映了德國實際狀況的可悲。它 [本書第一卷] 的目的，就是要讓那種「對抗『現實的陰影』的哲學鬥爭」（它很符合耽於夢想、委靡不醒的德意志民族的口味）身敗名裂、讓它信用破產。

一個好漢（ein wackrer Mann）曾一時這麼想：人們之所以溺死，是因為他們被重力思想（Gedanken der Schwere）困住了。只要他們從腦袋裡排除這種想法（Vorstellung），例如把它解釋成迷信、解釋成宗教的想像，那麼他們就可以免除所有溺水危險了。~~他努力~~ 他一生都努力於對抗重力的幻想，而且各種統計都提供了他新的和大量的證據，證明了它的惡果。這個好漢，就是新德國革命哲學家的典型。

---

* 本文是馬克思寫在三頁（可能是兩張）信紙上的手稿。阿姆斯特丹國際社會歷史研究所 (IISG) 之檔案編號為 A10。此處翻譯根據廣松涉版之德文部分 (pp.176-77) 重譯，版面配置依據同書所附之照片。

德國哲學 ~~唯心論~~ ~~與所有其他民族的意識型態~~ 與所有其他民族的意識型態沒有特殊的差別。~~透過有特色的~~ 後者也把世界看成是「由觀念統治的」、是以觀念和概念為原則的，[是把] 當作最好的（beste）和最真的（wahrste）形式，其中 ~~走過~~ 特定思想當作最好和最真的形貌 哲學家所瞭解的「物質世界」的規定（Bestimmung）神秘物（Mysteium）。~~德國唯心論~~ ~~思想，思想的他者，思想的產物。~~

黑格爾完成了表述（Darstellung）想要表述「實證唯心論」（den positiven Idealismus）。對他來說，不僅所有狀態與關係 整個物質世界是在一個思想世界裡完成的 [轉變成了一個思想世界]，而且整個歷史也轉變成了一個思想的歷史。~~他也把生 [產] 他不~~ ~~[只] 描述~~ 他不滿足於把「思想之物」（Gedankendinge）當作紀錄 記載下來（einzuregistieren），而且還試圖把生產行動（Produktionsakt）給鋪陳出來（darzustellen）。

德國的

如果德國哲學家們從他們的夢想世界裡覺醒

德國的哲學家們從他們的夢想世界裡被搖醒，就起身對抗思想世界，他們把實際的、活……的想像

德國的哲學批判家們 ~~分 [享]~~ 有一個共同對手：黑格爾的體系。這個體系就是他們所對抗的世界。

~~理論的前提，這是他們同時都試圖否定（zu nernichten）的——黑格爾的體系。~~ 在他們思想 ~~都一致相信~~ 都堅稱：觀念（Ideen）、 想像（Vorstellungen）、概念（Begriff）迄今 ~~都統治著世界~~ 都統治並規定了實際的人、世界，~~現在這要被改變了，但是直到目前事情都是如此：~~ 實際的世界是一個「觀念的世界」的產物。直到目前事情都是如此，但是現在這要被改變了。他們彼此的差別，在於他們想要用什麼方式（Art）去解救~~這個~~ ~~出現在~~ 在他們看來處於人們自己僵固的思想的權勢下的哀嘆著的人類世界；他們 ~~一致同意 彼此的差別 在於 透過擴充 由於~~ 在於：他們把什麼東西當作 宣布為僵固的思想；他們一致相信思想的統治，他們一致相信：~~他們與之鬥爭的方法~~ 他們的批判思想必定可以帶來現存狀況的傾覆，~~他們的批判思想~~ 問題只在：究竟他們認為他們孤立的思想活動已然足夠，或者是還想要去爭取普遍的意識。

相信實在的（reelle）世界是觀念的（ideellen）世界的產物，相信思想 觀念（Ideen）的世界

自從德國哲學家們 在被黑格爾的思想世界迷惑了之後，德國哲學家們現在起身反抗思想的統治，或者同樣 [的說法] 觀念、想像的統治，根據他們的觀點（Ansicht），亦即根據黑格爾的幻想，這些東西產生、規定、統治著實際世界。他們表示抗議並扼殺

在 依據黑格爾的體系，觀念、思想、概念產生、規定、統治著人的 實際面貌 由實際的 實際生活、他們的物質世界、他們的實在的關係。他的背叛的門生 對此從未懷疑 相信他 從未對他的這個 接受他的這個

自從他們不再對他們迄今…的黑格爾體系

德國哲學家們

_____

附錄 II 費爾巴哈題綱*

馬克思版　　　　　　　　　恩格斯版

1

所有迄今的唯物論（費爾巴哈的也算在內）的主要缺點是：對象（Gegenstand）、實際（Wirklichkeit）、感性（Sinnlichkeit），都只是以客體（Objekt）或直觀（Anschauung）這個形式被掌握的；而不是被掌握成感性人類的（sinnlich menschliche）活動、實踐；不是主觀地 [掌握的]。因此，活動的一面，倒是對立於唯物論，抽象地由唯心論發展了——它 [唯心論] 當然不認識實際的、感性的活動本身（als solche）——。費爾巴哈要的是感性的——實際地異於「思想客體」（den Gedankenobjekten）的客體

所有迄今的唯物論——費爾巴哈的也算在內——的主要缺點是：對象、實際、感性，都只是以客體或直觀這個形式被掌握的，而不是被掌握成人類的感性（*menschliche sinnliche*）活動、實踐；不是主觀地 [掌握的]。因此，結果竟是這樣（*geschah es*）：活動的一面，倒是對立於唯物論，被（*wurde*）唯心論發展了——但只不過是抽象地發展了，因為唯心論當然不認識實際的、感性的活動本身。費爾巴哈要的是感性的、實際地異於「思想客體」的客體；但是他並不把人類活動本身理解

---

* "Thesen über Feuerbach"，應該是馬克思在 1845 年春在布魯塞爾寫的，載於他 1844-47 年的筆記中，原標題是「關於費爾巴哈」（"über Feuerbach"），可能是對於《德意志意識型態》「費爾巴哈」之寫作或修改所寫的綱要。恩格斯在整理馬克思遺稿時找到了此文件，於 1888 年將此文件收於《費爾巴哈和德國古典哲學之終結》單行本中當作附錄，並指出其寫作時間與地點。
恩格斯為了方便讀者理解，於收錄時對馬克思原文做了一些改寫。
此處翻譯根據 *MEW* 3: 5-7, 533-35。左欄為馬克思原文，右欄為恩格斯之改寫。細明體為馬克思原文，標楷體與德文斜體（*italic*）為恩格斯之改寫。

（Objekte）；但是他並不把人類活動本身理解為對象性的（gegenständliche）活動。因此他在《基督宗教的本質》裡，就只把理論的態度看作是真正人的，而實踐，則只是以它骯髒的猶太的表現形式而被掌握和固著的。他因此不瞭解"革命的"、"實踐－批判的"活動的意義。

為對象性的活動。因此他在《基督宗教的本質》裡，就只把理論的態度看作是真正人的，而實踐，則只是以它骯髒的－猶太的表現形式而被掌握和固著的。他因此不瞭解"革命的"、"實踐－批判的"活動的意義。

2

對象性真理究竟是不是歸予人的思維，這個問題不是理論問題，而是一個實踐的問題。人必須在實踐中證明他的思維的真理，即（i.e.）實際和力量、此岸性。去爭論思維——孤立於實踐之外的思維——的實際或不實際，這是個純粹經院的（scholastische）問題。

對象性真理究竟是不是歸予人的思維，這個問題不是理論問題，而是一個實踐的問題。人必須在實踐中證明他的思維的真理，也就是（das heißt）實際和力量、此岸性。去爭論思維——孤立於實踐之外的思維——的實際或不實際，這是個純粹經院的問題。

3

「改變環境」和「改變教育」的唯物論學說忘記了：環境是由人來改變的，而教育者自己也必須被教育。這種學說因此必定（muß）把社會分成兩部分——其中一部分凌越它 [社會] 之上——。
「環境的改變」和「人類活動的改變」的合一（Zusammenfallen）或「自我改變」（Selbstveränderung），只能被當成革命的實踐（revolutionäre Praxis）來掌握並理性地理解。

[有一種唯物論學說認為：] 人是環境和教育的產物，因而改變了的人是「另一種環境的」和「改變了的教育的」產物，——這種學說忘記了：環境正（eben）是由人來改變的，而教育者自己也必須被教育。這種學說因此必然（mit Notwentigkeit）把社會分成兩部分，其中一部分凌越於社會之上（例如在羅伯特・歐文那裡）。
「環境的改變」和「人類活動的改變」的合一，只能被當成翻轉的實踐（umwälzende Praxis）來掌握並理性地理解。

4

費爾巴哈是從（geht von）「宗教的自我異化」、從「世界的雙重化成一個宗教的世界和一個現世的世界」這樣的事實出發（aus）的。他的工作在於：把宗教的世界解消（aufzulösen）在它的現世的基礎裡。但是這個現世基礎（weltliche Grundlage）的自己從自己冒竄出去、並且在雲端固著成一個獨立的王國，這是只能從這現世基礎的「自我撕裂性」（Selbstzerrissenheit）和「自我矛盾」（Sichselbstwidersprechen）來解釋的。這個[現世基礎]本身，因此本身就必須從它的矛盾裡來理解，一如在實踐上被革命化。因此，例如，當發現了「俗世家庭是神聖家庭的秘密」之後，俗世家庭本身，現在就必須首先理論地和實踐地被否定（vernichtet）了。

費爾巴哈是出發自（geht aus von）「宗教的自我異化」、自「世界的雙重化成一個宗教的世界和一個現世的世界」這樣的事實的。他的工作在於：把宗教的世界解消在它的現世的基礎裡。他忽略了：在做完這個工作之後，還有大事沒做哩。因為，現世基礎的自己從自己冒竄出去、並且在雲端固著成一個獨立的王國，這一事實，正是（eben）只能從這現世基礎的「自我撕裂性」和「自我矛盾」來解釋的。這個[現世基礎]本身，因此首先必須從它的矛盾裡來理解，然後用排除這種矛盾的方法在實踐中使之革命化。因此，例如，當發現了「俗世家庭是神聖家庭的秘密」之後，俗世家庭本身，現在就必須首先在理論上被批判，並在實踐上被翻轉（umgewälzt）了。

5

費爾巴哈不滿意於抽象思維，[於是]要直觀；但是他不把感性掌握成實踐的、人類－感性的活動。

費爾巴哈不滿意於抽象思維，[於是]訴諸感性直觀；但是他不把感性掌握成實踐的人類－感性的活動。

6

費爾巴哈把宗教的本質解消在人的本質裡。但是人的本質並不是內在於單個個人裡的「抽象」。就其實際而言，它就是社會關係的總和（das ensemble der gesellschaftlichen Verhältnisse）。

費爾巴哈把宗教的本質解消在人的本質裡。但是人的本質並不是內在於單個個人裡的「抽象」。就其實際而言，它就是社會關係的總和。

費爾巴哈不對這種「實際的本質」作批判，因此不得不：

1. 從歷史歷程中抽離出來，而把宗教情懷固著成它本身，並預設一個抽象的——孤立的——人的個體。2. [人的] 本質因此只能被掌握成 "類"，掌握成內在的、喑啞的、把許多個人自然地聯結起來的普遍性。

費爾巴哈不對這種「實際的本質」作批判，因此不得不：

1. 從歷史歷程中抽離出來，而把宗教情懷固著成它本身，並預設一個抽象的——孤立的——人的個體。2. [人的] 本質因此只能被掌握成 "類"，掌握成內在的、喑啞的、把許多個人自然地聯結起來的普遍性。

7

費爾巴哈因此看不到："宗教情懷" 本身是一個社會的產物，看不到：他所分析的抽象的個人，是屬於一個特定社會形式的。

費爾巴哈因此看不到："宗教情懷" 本身是**一個社會的產物**，看不到：他所分析的抽象的個人，其實是屬於一個特定社會形式的。

8

所有社會生活都基本上（wesentlich）是<u>實踐的</u>。所有讓理論變成（veranlassen）神秘主義的神秘性的東西（Mysterien），它們的理性的解答，都在人類實踐、以及對這個實踐的瞭解裡。

社會生活基本上是<u>實踐的</u>。所有把理論<u>導向</u>（*verleiten*）神秘主義方面去的神秘東西，它們的理性的解答，都在人類實踐、以及對這個實踐的瞭解裡。

9

直觀的唯物論，也就是那種不把「感性」瞭解作「實踐活動」的唯物論，所達到（wozu… es kommt）的最高點，是單個個人的、以及市民社會的直觀。

<u>直觀的</u>唯物論，也就是那種不把「感性」瞭解作「實踐活動」的唯物論，所帶來（wozu…es *bringt*）的最高點，是 "**市民社會**" 中的單個個人的直觀。

10

老唯物論的立足點是市民的社會，新唯物論的立足點是「人類的社會」或「社會的人類」。

老唯物論的立足點是 "**市民的**" 社會，新唯物論的立足點是「<u>人類的</u>社會」或「社會的人類」。

11

哲學家們只是各不相同地<u>解釋了</u>世界，重點在於：<u>改變</u>它。

（Die Philosophen haben die Welt nur verschieden <u>interpretiert</u>, es kömmt d'rauf an, sie zu <u>verändern</u>.）

哲學家們只是各不相同地<u>解釋了</u>世界，但是重點在於：<u>改變</u>它。

（Die Philosophen haben die Welt nur verschieden <u>interpretiert</u>, es *kommt aber darauf* an, sie zu <u>verändern</u>.）

附錄Ⅲ 馬克思與恩格斯大事年表

	馬克思	恩格斯
1818.05.05.	出生於特利爾（Trier）。	
1820.11.28.		出生於巴門（Barmen，今烏波塔Wuppertal）。
1830-1835.	特利爾斐特烈-威廉中學（Friedrich-Wilhelm-Gymnasium）。	
1834.10.		巴門艾爾伯菲德中學（Elberfelder Gymnasium）。
1835.10.15.	進入波昂斐特烈-威廉大學法律系。	
1836.10.22.	轉入柏林斐特烈-威廉大學（今柏林洪堡大學，Humboldt-Universität zu Berlin）法律系。與青年黑格爾派相交。	
1837.		受父命輟學，至不萊梅（Bremen）擔任營業員。
1841.		加入普魯士砲兵，駐守柏林。乘便去大學聽課，因此結識柏林大學青年黑格爾派成員。
1841.04.15.	耶拿大學哲學系授予博士學位。學位論文：《德謨克利特的自然哲學和伊壁鳩魯的自然哲學之區別》（*Differenz der demokritischen und epikureischen Naturphilosophie*）。	
1842.	4月，開始在科隆《萊茵報》（*Rheinische Zeitung*）工作、約半年	被父母送往曼徹斯特（Manchester）「愛耳門與恩格斯（Ermen and

	後擔任該報總編輯。	Engels）公司」上班。
1842.11.	初識恩格斯。	赴曼徹斯特途中，於科隆訪《萊茵報》，初識馬克思。
1843.03.17.	因普魯士文字檢查，辭去總編職。	
1843.06.19.	與燕妮・馮・威斯法倫（Jenny von Westphalen）結婚。	
1843.	10 月，偕妻子赴巴黎，準備與盧格（Arnold Ruge）出版《德法年鑑》（ Deutsch- Französchische Jahrbücher）。	於曼徹斯特工廠結識 Mary Burns，成未婚之終生伴侶。
1844.02.	《德法年鑑》出版。於其中刊載〈論猶太人問題〉與〈黑格爾法哲學批判導論〉等。	〈國民經濟學批判大綱〉（ Umrisse zu einer Kritik der Nationalökonomie）刊於《德法年鑑》。
1844.05.01.	長女燕妮（Jenny）出生。	
1844.08.28.	與恩格斯在巴黎碰面，開始了從此的友誼與合作。	與馬克思在巴黎碰面，開始了從此的友誼與合作。
1844.	開始研究政治經濟學，撰寫筆記（《1844 年經濟學-哲學手稿》，Ökonomisch-philosophische Manu-skripte aus dem Jahre 1844）。	9 月 6 日，回巴門。
1845.02.03.	從巴黎赴布魯塞爾。	
1845.02.	與恩格斯合著之《神聖家族》（Die Heilige Familie）出版。	與馬克思合著之《神聖家族》出版。
1845.04.	與恩格斯合作《德意志意識型態》（Die deutsche Ideologie）。	遷居布魯塞爾，與馬克思合作《德意志意識型態》。
1845.05.		《英國工人階級狀況》（Die Lage der arbeitenden Klasse in England）出版。
1845.09.26.	二女兒勞拉（Laura）出生。	
1846.05.	與恩格斯合作完成《德意志意識型態》的主要部分。	與馬克思合作完成《德意志意識型態》的主要部分。
1847.01.	長子愛德嘉（Edgar）出生。加入「正義同盟」（Bund der Gerechten）。	加入「正義同盟」。
1847.06.02.	「共產主義者同盟」（Bund der Kommunisten）在倫敦召開第一次大會。未出席。	以巴黎代表身分參加「共產主義者同盟」第一次大會。
1847.07.	《哲學的貧困》（Misère de la philo-sophie）以法文在布魯塞爾出版。	
1847.08.05.	在「正義同盟」的基礎上組建「共產主義者同盟布魯塞爾分部」。	在「正義同盟」的基礎上組建「共產主義者同盟布魯塞爾分部」。
1847.11.29.	出席「共產主義者同盟」在倫敦召開的第二次大會。大會委託馬克思和恩格斯一起制定同盟綱領。	出席「共產主義者同盟」在倫敦召開的第二次大會。大會委託馬克思和恩格斯一起制定同盟綱領。
1848.01.09.	在布魯塞爾以法文發表〈關於自由貿易問題的演說〉（Rede über die Frage des Freihandels）	

1848.02.21.	與恩格斯合著之同盟綱領《共產黨宣言》（*Manifest der Kommunistischen Partei*）以德文在倫敦出版。	與馬克思合著之同盟綱領《共產黨宣言》以德文在倫敦出版。
1848.02.	《關於自由貿易問題的演說》以法文在布魯塞爾出版。	
1848.03.04.	被比利時驅逐出境，轉往巴黎。	
1848.03.11.	在巴黎建立「共產主義者同盟」總部。	未出席「共產主義者同盟」之成立，但後來參與工作。
1848.03.	和恩格斯一起離開巴黎，轉往科隆參與革命，發行《新萊茵報》（*Neue Rheinische Zeitung*）。	和馬克思一起離開巴黎，轉往科隆參與革命。
1849.04.	分期發表《薪水勞動與資本》（*Lohnarbeit und Kapital*）。	
1849.05.16.	被普魯士驅逐出境。	
1849.05.19.	最後一期《新萊茵報》以紅色印出。	
1849.	6 月抵巴黎。	往西南德策動起義失敗。
1849.08.	被巴黎驅逐出境，轉往倫敦。	
1849.09.	在倫敦重建「共產主義者同盟」總部。	
1849.10.05.		抵義大利熱那亞（Genoa）。
1849.11.05.	次子谷意都（Guido）出生。	
1849.11.10.		輾轉抵倫敦。
1850.	11 月 9 日，次子谷意都過世。	受父母之命赴曼徹斯特，負責「愛耳門與恩格斯公司」。
1851.03.28.	三女法蘭西斯卡（Franziska）出生。	
1851.12.02.	路易·波拿巴（Louis Bonaparte）復辟。	
1852.	《路易·波拿巴的霧月十八》（*Der achtzehnte Brumaire des Louis Bonaparte*）出版。	
1852.04.14.	三女法蘭西斯卡過世。	
1852-1862.	為《紐約每日論壇》（*New-York Daily Tribune*）撰寫文章和報導。	
1852.11.17.	在馬克思要求下，「共產主義者同盟」總部決定解散。	
1855.01.16.	么女愛蓮諾（Eleanor）出生。	
1855.04.06.	長子愛德嘉過世。	
1859.06.11.	《政治經濟學批判》（*Kritik der Polischen Ökonomie*）第一冊在柏林出版。	
1863.01.06.		Mary Burns 去世。恩格斯與其妹 Lizzy Burns 成伴侶。
1864.09.28.	國際工人協會（Internationale Arbeiterassoziation，通稱「第一國際」）在倫敦成立。	成為公司合夥人。

1865.06.	在第一國際演講〈價值、價格與利潤〉Value, Price and Profit）。	
1867.09.14.	《資本論》（*Das Kapital*）第一卷在漢堡出版。	
1869.	9月6日第一國際在巴塞（Basel）召開大會。	7月退休。
1870.07.	普法戰爭爆發。馬克思為第一國際寫《總委員會對普法戰爭的第一個通告》。	
1870.	8月法蘭西第三共和成立。第一國際通過馬克思所寫的《總委員會對普法戰爭的第二個通告》。	10月遷居倫敦。
1871.01.18.	德意志帝國在巴黎凡爾賽宮成立。	
1871.03-05.	巴黎公社起義。	
1871.05.30.	第一國際通過馬克思所寫的《法蘭西內戰》（*Bürgerkrieg in Frankreich*）。	
1873.	《資本論》第一卷第二版出版。	
1873-82.		撰寫《自然辯證》（*Dialektik der Natur*）。
1873.09.06.	第一國際海牙大會，決議將總委員會遷往紐約，等於實際解散。	
1875.05.	德國社會民主工人黨（合併）成立。	
1875.05.05.	把對於《哥達綱領》的意見（aka.〈哥達綱領批判〉, "Kritik des Gothaer Programms"）寄給黨領導人之一布拉克（Wilhelm Bracke）。	
1878.07.		《反杜林論》（*Anti-Dühring*）單行本出版。
1878.09.12.		Lizzy Burns 去世。
1881.12.02.	妻子燕妮去世。	
1883.01.11.	長女燕妮去世。	
1883.03.14.	馬克思去世。葬於倫敦 Highgate 公墓。	
1884.		《家庭、私有制與國家的起源》（*Der Ursprung der Familie, des Privat-eigenthums und des Staats*）出版。
1885.		《資本論》第二卷編輯出版。
1888.		《路德維希·費爾巴哈和德國古典哲學的終結》（*Ludwig Feuerbach und der Ausgang der klassischen deut-schen Philosophie*）出版。
1889.		參加第二國際的建立。
1894.		《資本論》第三卷編輯出版。
1895.08.05.		去世。依其遺願，骨灰撒在東勃恩（Eastbourne）海灣。

譯註

（各註釋末之頁碼為該註釋出現於本書正文原始手稿之處）

---

1 Ludwig Andreas von Feuerbach（1804 - 1872），德國哲學家。主要著作有《基督宗教的本質》（*Das Wesen des Christentums*, *The Essence of Christianity*, 1841）等。提出天國是人之投射（Projektion）之說，開創黑格爾之後的唯物論翻轉。其父親 Paul Johann Anselm Ritter von Feuerbach（1775- 1833）為著名法學家，其兄長 Karl Wilhelm Feuerbach（1800 - 1834）是著名數學家，其姪 Anselm Feuerbach（1829 - 1880）是德國十九世紀古典主義派（classicist）畫家。(p.1)

2 「意識型態」（Ideologie）是法國哲學家 Destutt de Tracy（1754-1836）所創造的字（由 ideo [idea, idée] 與 logie 合成，義為「觀念學」）。據說拿破崙曾對之嗤之以鼻，說：「我可不像那些意識型態家們 [光說不練]。」因此，「意識型態家們」（Ideologen）從此有了「作思想遊戲者」的負面意義，頗類似於中國哲學史中之所謂「袖手心性者」。(p.1)

3 David Friedrich Strauß（1808 –1874），德國神學家，在 1835 年出版《耶穌傳》（*Das Leben Jesu*），否定耶穌之神性。(p.1)

4 這裡的「……，以便……」，可能 [應該] 是對某種 [黑格爾式的] 歷史定命論的譏諷：「這件事現在會被這樣思辨地扭曲：後來的歷史成了早期歷史的目的……」，cf. A11/34 etc.。(p.1)

5 關於「繼承人」，參見註 22。(p.1)

6 關於「殘渣」，參見註 24。(p.1)

7 Substanz 可以指一般意義的「物體」，亦可以指（黑格爾）哲學意義的「實體」。(p.1)

8 組合物（Verbindungen），亦可譯為「化合物」。但是由於馬克思與恩格斯在這裡指出：黑格爾體系被裂解為許多元素，而各元素又以不同方式重新組合，則似乎：他們並不認為這些任意組合成的「小體系」是一個化合關係。否則，各個「小體系」應該就不是「仿冒品」了。(p.1)

9 überführt war 除「轉移」之外，也有「飽和」、「滿溢」之意。此處的意思應是：德國市場已無法容納眾多商品，因而商品必須尋求外銷、另覓市場。(p.2)

10 fabrikmäßige und Scheinproduktion，直譯為「符合工廠的、並且假的生產」。所謂「假生產」，可能也指根本沒有生產、只是裝模作樣地假裝生產。例如安徒生（Hans Christian Andersen, 1805- 1875）童話《國王的新衣》（*Keiserens nye Klæder*）裡的騙子裁縫。或是台灣 2014/02-03「鼎王火鍋」之虛設工廠、製假湯頭之類。(p.2)

[11] 「世界史」（Weltgeschichte）是一個黑格爾的概念，主要指精神在歷史中的開展過程。參見其《歷史哲學講錄》（*Vorlesungen über die Philosophie der Geschichte*）之導論。馬克思與恩格斯對此概念的批判，cf. A11/34-35 etc.。(p.2)

[12] "實體" 是施特勞斯的概念；"自我意識" 是鮑爾的概念；"類" 與 "人" 是費爾巴哈的概念； "唯一者" 是施蒂納的概念。(p.3)

[13] 但是恩格斯在四十餘年後撰寫《路德維希‧費爾巴哈和德國古典哲學的終結》（*Ludwig Feuerbach und der Ausgang der klassischen deutschen Philosophie*）時，似乎忘記了這種「褻瀆」，反而將黑格爾哲學分成了「革命的」與「保守的」兩個「方面」，*MEW*21: 292ff.。(p.3)

[14] Max Stirner，本名 Johann Kaspar Schmidt（1806 -1856）。德國哲學家，主要著作是 *Der Einzige und sein Eigentum*, 1845（金海民譯，《唯一者及其所有物》北京：商務，1997）。被認為是後來的虛無主義、存在主義、後現代主義及無政府主義，特別是個人無政府主義之先驅。馬克思與恩格斯在本書中諷刺地稱他為「聖瑪克斯」。(p.3)

[15] 即施蒂納，ibid. (p.4)

[16] 所謂「老年黑格爾派」（Althegelianer），主要指一些黑格爾的故舊、門生 (以及後來一些企圖忠於黑格爾原意的《全集》編纂者)。他們在黑格爾過世後仍堅持黑格爾之立場。又被稱為「右派黑格爾主義者」（Rechtshegelianer）。其著名者包括 u.a.： Karl Daub (1765–1836), Philipp Konrad Marheineke (1780–1846), Carl Friedrich Göschel (1781–1861), Johannes Schulze (1786–1869), Georg Andreas Gabler (1786–1853), Eduard Gans (1798–1839), Leopold von Henning (1791–1866), Hermann Friedrich Hinrichs (1794–1861), Karl Schnaase (1798–1875), Karl Ludwig Michelet (1801–1893), Ludwig Boumann (1801–1871), Heinrich Gustav Hotho (1802–1873), Karl Rosenkranz (1805–1873), Johann Eduard Erdmann (1805–1892), Julius Schaller (1810–1868) 等等。(p.4)

[17] 所謂「青年黑格爾派」（Junghegelianer），又稱為「左派黑格爾主義者」（Linkshegelianer），其實是一個很鬆散的團體。其著名者包括：Strauß, Feuerbach, 鮑爾兄弟 (Bruno Bauer & Edgar Bauer 1820–1886), Ernst Theodor Echtermeyer (1805-1844), Arnold Ruge (1802-1889), Hess 與 Friedrich Köppen (1775–1858) 等等。此外，Max Stirner，甚至馬克思與恩格斯，都可以算作這個團體的成員。(p.4)

[18] "Postulat" 義略同於 Axiom，原為邏輯或數學中「無須證明之前提」之意。康德在其《實踐理性批判》中將靈魂不朽、自由與上帝存在當作實踐理性之三個設準，亦即道德實踐所必須之前提。(p.5)

[19] 「人的、批判的、利己的意識」，分別指涉費爾巴哈、鮑爾與施蒂納的哲學立場。(p.5)

[20] "震撼世界的"（welterschütternden），可能是對《韋剛德季刊》（*Wigand's Vierteljahrsschrift*）1845 年第 IV 卷一篇匿名文章 "Ueber das Recht des Freigesprochenen, eine Ausfertigung des wider ihn ergangenen Erkenntisses zu verlangen" 中的一句話的「誤引」，該文有（類似的）「顛覆世界的思想」（weltumstürzende Gedanke）一語，Cf. *MEW*3:84，《全集 3》：95。(p.5)

21 施蒂納在《韋剛德季刊》1845 年第三卷一篇回應對他的批判的文章〈施蒂納的批評家們〉("Recensenten Stirners", in: *Wigand's Vireteljahrsschrift*, 1845, Bd. 3, Leipzig 1845.) 中宣稱："唯一者"不是概念（Begriff），而只是詞句（Phrase）。(p.5)

22 此處「亞歷山大的繼承人」原本寫的是 Nachfolge Alexanders。劃掉後改成 Diadochen。後者的希臘原文是 διάδοχοι，義與 Nachfolge 同，皆為「繼承人」。Diadochen 是由德國史學家 Johann Gustav Droysen（1808-84）在其 1833 年出版的《亞歷山大大帝史》（*Geschichte Alexanders des Großen*）中首先使用的，特用以指涉亞歷山大的將領們——他們在亞歷山大過世後，為了爭奪統治權，進行了六次戰爭。(p.7)

23 馬克思此句無明顯插入位置，但應在「震撼世界」之前，cf. A11/1。(p.7)

24 馬克思此句無明顯插入位置。「殘餘」，馬克思寫為 Residuum。左欄正文中恩格斯所寫之此字為 caput mortuum，為區別起見，譯為「殘渣」。後者在當時意指化學反應後剩餘之物，但亦有「骷髏頭」之義。(p.7)

25 Substanz，參見註 7。(p.8)

26 馬克思此處修改寫於行間，並連續到右欄。關於 überführt war，參見註 9。(p.8)

27 「世界史」，參見註 11。(p.8)

28 fabrikmäßige und Scheinproduktion，參見註 10。(p.8)

29 此處「++」或為插入符號，但並無插入文字。(p.8)

30 此一插入句當直接連接左欄之「當然」之後。(p.10)

31 此句應是在改寫了上句之後被刪除的。所謂「地質、地理、人體……」等條件，在 A11/21a、A11/25 右欄皆有出現。(p.10)

32 費爾巴哈在其 "Blättern für literarische Unterhaltung" 中曾有一句名言：「人是其所食」(Der Mensch ist was er ißt。其中有諧音)。「食」是吃「進」。馬克思與恩格斯此處將人之「是」界定為人之表現「出」或生產「出」的方式，「進／出」之別，或有顛倒費爾巴哈之意，或亦即〈費爾巴哈題綱〉第一條（*These* 1）所謂「客體／實踐」之別。(p.11)

33 馬克思於此處標寫「*238 7*」，意義未明。(p.11)

34 「古代」（Antike）指古希臘至羅馬帝國的時期，大約是西元前 1200 或 800 年至西元 600 年。(p.16)

35 Cf. Aristotle, *Politics*, Vol.I, Ch.2,「當許多部落為了滿足生活需要時，就會結成一個最終和最完美的共同體形式：城邦。」黑格爾在其《法哲學原理》也說：「家庭以自然的方式，並且本質上依人格 [或個性] 的原則 (Prinzip der Persönlichkeit) 而分為**多數** (Vielheit) 家庭。」(§181) "Stamm" 在 1840 年代德國學界慣用語中兼指"氏族"（Gens）與"部落"（Stamm）。可能要到 1877 年 Morgan 的《古代社會》（*Ancient Society*），才對「氏族」與「部落」做出了概念上的區別。(p.16)

36 「公社和」（Gemeinde &）接於左欄「古代的」之後。「古代的」應有橫線劃掉。(p.16)

37 柏拉圖《國家篇》（*Poleteia*）第八卷：「一個人可以出賣 [揮霍掉] 他自己的全部東西，而別人可以買進他的全部東西，這個賣掉家當的人還是住在城邦裡，但幾乎不屬於這個城邦的任何一部分，因為他們既不是商人又不是匠人、既不是騎兵又不是步兵，

反而就叫作窮人或無資產的人。」(552a) 將「自己的全部東西」賣掉的「窮人」，所賣的應該就是「不動產」。(p.17)

[38] 李奇尼烏斯（Licinius），羅馬共和時期的護民官（Tribune, 376 - 367 BC）。在他治理期間，曾（因平民與貴族鬥爭而）通過一項法律，通稱「李奇尼烏斯土地法」。該法對於把公有地轉交個人使用的權利作了一些限制（禁止羅馬市民佔有 500 羅馬畝 [約 125 公頃] 的公有地 [ager publicus]），並且規定撤銷部分債務。(p.17)

[39] 此一插入句直接接續於左欄之「束縛。」之後。此處所描述，或為古希臘斯巴達之制度。(p.17)

[40] 此段敘述，可參看 A11/56 etc.。(p.19)

[41] 本句直接接續於左欄。被劃掉的「在特定生產關係下」被替代以「[會] 進入 (eingehen) 特定的社會關係和政治關係」。右欄插入的是子句「(他們以特定方式進行生產活動)」，用以形容「特定的個人」。因此左欄原句應是：「以特定方式進行生產活動的個人」……。(p.23)

[42] Cf.〈費爾巴哈題綱〉第一條 (*These* 1)。(p.26)

[43] 本句直接接續於左欄之「『……實證的科學』、」之後。(p.26)

[44] milie 或為 *Die Heilige Fa-milie* 之後半。(p.27)

[45] "在絕對精神中被揚棄"（in den absoluten Geist aufgehoben [würde]），與前句 "進入絕對精神之中"（in den absoluten Geist aufgehen [solle]）或有諧音關係。(p.27)

[46] Mule-Jenny，1775 - 1779 年由 Samuel Crompton 發明的紡織機。Richard Roberts 在 1825 年將之改良為自動紡織機。由於採用「複合」（hybrid）動力，而 mule 本即兼有「紡織機」與「騾子」（母馬公驢交配所生）之意，所以暱稱為 Jenny（母驢）。(p.27)

[47] 紙張損毀，若干文字無法辨識。(p.27)

[48] Bruno Bauer（1809 –1882），德國哲學家與歷史學家，以激進的理性主義的立場批判哲學、政治與聖經。認為新約教義受古希臘（尤其斯多葛派）之影響遠超過猶太教，而耶穌是西元二世紀猶太、希臘與羅馬神學的混成物。馬克思與恩格斯在本書中將之諷刺地稱為「聖布魯諾」或「布魯諾先生」。其著作多以「批判」(Kritik) 為名。(p.28)

[49] Bruno Bauer, "Charakteristik Ludwig Feuerbachs", in: *Wigand's Vierteljahrsschrift*, 1845, Bd.3, Leipzig 1845, S.123-138. (p.28)

[50] Bruno Bauer, "Ludwig Feuerbach", in: *Nrorddeutsche Blätter für Kritik, Literatur und Unterhaltung*, Berlin. H.4. Ausgegeben im Oktober, 1844, S.1-13. (p.28)

[51] Gottfried Wilhelm Leibniz（1646 - 1716），德國理性主義哲學家、數學家。（與笛卡兒幾乎同時）發明微積分，提出單子論、神正論（*Théodicée*, cf. 註 137）等。(p.28)

[52] Pierre Bayle（1647 - 1706），法國哲學家，百科全書派之先驅。主要著作為《歷史的與批判的字典》（*Historical and Critical Dictionary*, 1695）。區分理性與信仰。(p.28)

[53] Ludwig Feuerbach, *Geschichte der neuen Philosophie. Darstellung, Entwicklung und Kritik der Leibniz'schen Philosophie*. Ansbach 1837. Ludwig Feuerbach, *Pierre Bayle,*

nach seinen für die Geschichte der Philosophie und Menschheit interessanten Momenten, dargestellt und gewürdigt. Ansbach 1838. (p.28)

54 Ludwig Feuerbach, *Das Wesen des Christenthum.* Leipzig 1841. (p.28)

55 《哈勒年鑑》（*Hallische Jahrbücher*），自 1838 年至 1841 年由盧格（Arnold Ruge）在哈勒（Halle）編輯、萊比錫（Leipzig）出版的青年黑格爾派文藝與哲學雜誌，全名為《德國科學與藝術之哈勒年鑑》（*Hallische Jahrbücher für deutsche Wissenschaft und Kunst*）。由於被普魯士政府威脅停刊，故於 1841 年遷至薩克森，並改稱《德國科學與藝術年鑑》（*Deutsche Jahrbücher für Wissenschaft und Kunst*），簡稱《德國年鑑》，發行至 1843 年。(p.28)

56 Ludwig Feuerbach, "Zur Kritik der 'positiven Philosophie'". In: *Hallische Jahrbücher für deutsche Wissenschaft und Kunst*, Leipzig, Nr. 289-293. Dezember 1838. (p.28)

57 「費爾巴哈」可能是被馬克思劃掉了。(p.28)

58 Bruno Bauer，cf. 註 48。(p.28)

59 本段文字接續於左欄 "自我意識" 之後。(p.28)

60 「這是個 "恰到好處的" "疏失"」, Dieses war "Versehn" "an der stelle", cf. "Correspondenz aus der Provinz 7". in: *Allgemeine Literatur-Zeitung*, Charlottenburg, H.6. Ausgegeben im Mai 1844, S.34. Bruno Bauer, "Was ist jetzt der Gegenstand der Kritik?" in: *Allgemeine Literatur-Zeitung*, Charlottenburg, H.8. Ausgegeben im Juli 1844, S.23,25. (p.28)

61 紙張損毀，若干文字難以辨識。可能指的是 Bruno Bauer, *Die Religion des Alten Testamentes in der geschichtlichen Entwicklung ihrer Principien dargestellt*, Bd.1.2. Berlin 1838. (p.28)

62 「實踐的」與「共產主義」兩字由馬克思用紅棕色筆畫線強調。(p.29)

63 此句可參照馬克思〈費爾巴哈題綱〉第十一條（*These* 11）。(p.29)

64 馬克思用紅棕色筆將「理論的」劃掉，並對 "理解" 加上引號。(p.29)

65 Cf. Ludwig Feuerbach, *Grundsätze der Philosophie der Zukunft*, Zürich, 1843, §41,43. (p.29)

66 感性確定性（die sinnliche Gewissheit）是黑格爾《精神現象學》（*Phänomenologie des Geistes*）第一章的標題，指涉康德《純粹理性批判》中之「感性」（Sinnlichkeit）。(p.29)

67 Bruno Bauer, "Charakteristik……". (p.30)

68 此插入句直接接於左欄之 ✗ 之後。(p.30)

69 馬克思用紅棕色筆把「統一的」劃掉（而恩格斯又用墨水重複一次），改為「全部的」，然後又加了「活生生的」。(p.31)

70 馬克思的這個想法，可參見其〈費爾巴哈題綱〉第一條（*These* 1）。(p.31)

71 此「f」應當是「費爾巴哈」之縮寫。(p.31)

72 此字為紅棕色筆所寫。(p.31)

73 "說教有術的"（kanzelberedsamkeitliche），原本是布魯諾對費爾巴哈的嘲諷：Bruno Bauer, "Charakteristik…", a.a.O. S.131：「帶著你那些泛神論的、說教有術的詞句待在

家裡別動吧……。」(p.32)

[74] Bruno Bauer, "Charakteristik…", a.a.O. S.139. (p.32)

[75] Bruno Bauer, "Charakteristik…", a.a.O. S.130:「跟著感覺（Sinnen）走吧！那麼你就會有全然光明的真理，亦即：當個感－的性（Sinn-lichkeit）吧！當根棍子（Stock）吧！那麼你就會是真理。」案：Stock 除了「棍子」的意思，也還有「資本」或「股票」的意思。(p.32)

[76] 本句接續左欄「……活下去」(zu erhalten) 之後。但因文法問題，此處接續於「基礎條件」之後。(p.32)

[77] 本句直接接續於左欄「社會關係，」之後。(p.33)

[78] 本段插入是從左下往右上斜寫的，其起點「此外」接在左欄「闡明家庭」之後。(p.33)

[79] 馬克思與恩格斯是在布魯塞爾寫作此書的，因此「萊茵河彼岸」或應指德國。(p.34)

[80] 引號是馬克思加的。(p.35)

[81] 此段插入文接在左欄「（自然宗教）」之後，但未標明插入位置。(p.35)

[82] 原文本為「etwas Wirkliches」，後加顛倒號，並將「Wirkliches」改為「wirklich」，而成為「wirklich etwas」。原文意為「想像某種實際的東西」，更改後意為「實際地想像某種東西」。(p.36)

[83] 這些文字寫在恩格斯所畫的人形上。(p.36)

[84] 這些數字寫在恩格斯所畫的（據稱）費爾巴哈素描頭像旁邊，可能是在計算頁碼（「*11)-16)*」）。在 A11/22- A11/24、A11/39、A11/43 等處（馬克思編碼 *8)-10)*、*24)*、*28)*），右欄有許多「費爾巴哈」之標註；A11/25 (馬克思編碼 *11)*) 右欄有「歷史」之標註（但 A11/26 之後，馬克思編碼 *12)* 至 *16)*，則皆無）。(p.37)

[85] 本段插入句接在左欄「活動、」之後。(p.37)

[86] 本段文字直接接續左欄「解放了的、」之後。(p.37)

[87] 可能是指亞當・斯密《國富論》（*Wealth of Nations*）第一篇第五章的「財富……的價值，恰恰等於它使他他們能夠購買或支配的勞動量」，以及「一種物品的交換價值，必然恰等於這物品對其所有者所提供的勞動支配權」。(p.38)

[88] 此段文字接續左欄之「對他人勞動力的支配」。(p.38)

[89] 《德法年鑑》（*Deutsch-Französische Jahrbücher*），是馬克思與盧格（Arnold Ruge）在巴黎合編之刊物，僅於 1844 年 2 月出版一期。後因兩人意見不合而未繼續。(p.38)

[90] 最後兩行之左欄文字連寫於右欄。「鞋匠、園丁、演員」和「獵人、漁夫、牧人或批判家」都是「職業」（名詞）；「打獵、捕魚、放牧與批判」則是活動 (動詞)。(p.38)

[91] 「一位英國經濟學家」指的應是亞當・斯密。「看不見的手」一語見於其《國富論》（*Wealth of Nations*）第四篇第二章，以及《道德情操論》（*The Theory of Moral Sentiments*）第四卷第一章。(p.39)

[92] 由於空間不足，本句接至本頁右欄最上方「✘✘是由……」。由此亦可見本段應是接寫於下段之後的。(p.39)

93 市民社會（civil society）在洛克（John Locke）1689 年出版的《政府二論》（*Two Treatises of Government*）中，指的是與「自然狀態」（state of nature）相對的狀態，亦稱為「政治社會」（political society, Book II, Ch. VII ）。1707 年，蘇格蘭被併入大不列顛，原蘇格蘭議會被取消、併入倫敦西敏寺國會，於是蘇格蘭成為沒有政府的地方（直至 1998 年布萊爾 [Blair] 工黨政府始恢復蘇格蘭議會）。1767 年，蘇格蘭哲學家 Adam Ferguson（1723- 1816）出版 *Essays on the History of Civil Society*，其 civil society 概念即指政府之外、但又為後者基礎的社會。或許自此，civil society 與 political society 乃成為相對概念。黑格爾在 1820 年出版《法哲學原理》時，可能就是將此種意義的 civil society 譯成德文 bürgerliche Gesellschaft，而與「國家」（der Staat）相對。依其界定，則市民社會是「介於家庭與國家之間的差異（*Differenz*）。」（§182）它包含三個環節：A. 需要體系、B. 司法與 C. 警察和同業公會。（§188）馬克思與恩格斯之使用此概念，並不包含司法與警察，而僅取其生產義（即需要體系）。後來的義大利馬克思主義者葛蘭西（Antonio Gramsci, 1891-1937）一方面保存了馬恩這個概念的用法，一方面又進一步把「國家」區分為「political soceity」（軍隊、司法……）與「civil society」（大學、教會……），此一區分後來又被法國馬克思主義者阿圖色（Louis Althusser, 1918 -1990）另稱為「壓制性國家機器」（RSA） 與「意識型態國家機器」（ISA）。(p.40)

94 Haupt- und Staatsaktionen, 直譯為「主要的與國家的行動」。本指 17-18 世紀德國流浪劇團演出的以歷史政治事件為主的大部頭戲。轉指「國家大事」。(p.40)

95 Pellegrino Rossi, "Cours d'économie politique, Année 1836-1837", in: *Cours d'économie politique*, Bruxelles 1843, S.261. (p.41)

96 拿破崙大陸體系（napoleonisches Continentalsystem），指 1806 年拿破崙一世（在 1805 年法國艦隊被英國艦隊殲滅後）所實行的大陸封鎖政策，禁止歐洲大陸與英國貿易。(p.41)

97 指「第六次反法同盟」。其結果是將拿破崙流放到厄爾巴島，並使波旁王朝的路易十八復辟為法國國王、締結了《楓丹白露條約》，召開了維也納會議，重劃歐洲版圖。(p.42)

98 "Verein" 的引號是馬克思用紅棕色筆所加的。(p.42)

99 Max Stirner, "Recensenten Stirners", in: *Wigand's Vireteljahrssschrift*, 1845, Bd. 3, Leipzig 1845, S.186-194. (p.42)

100 世界市場 （Weltmarkt）的底線是馬克思用紅棕色筆所加的。(p.42)

101 Moses Hess（1812 - 1875），猶太哲學家與社會主義者，馬克思與與恩格斯的朋友。關於施蒂納對赫斯的批評，參見《德意志意識型態》「萊比錫宗教會議」二、聖布魯諾，4「與莫·赫斯的訣別」。(p.42)

102 本段文字應是和左欄之「聖瑪克斯……肉和血一樣」一起被馬克思刪除的，之後馬克思才將左欄之「其結果就是……『自有者』。更且……」也刪掉。(p.42)

103 「根據這種胡扯……」以下的文字，被馬克思以紅棕色筆加了許多數目字，然後整段刪去。這些數目字所標示的，應該都是黑格爾《精神現象學》中的用字。馬克思反覆算出了 11 個之後，在右欄加了「布魯諾先生沒湊滿一打」一句。原文中數目字刪改都是以新數字覆蓋。為了便於辨識，茲以斜線表示刪除之數目字，另標以新數字。因文法關係，此一數目字之順序或更顯凌亂。此外，在《德意志意識型態》「萊比錫宗

教會議」二、聖布魯諾，4「與莫·赫斯的訣別」中，布魯諾先生終於"湊滿一打"了，*MEW*3:99，《全集 3》：113。(p.43)

[104] 本句寫於左欄行間，延續至右欄。應插入「以及 4)」之前。(p.44)

[105] 唯靈論（Spiritualismus），依費爾巴哈〈論唯靈主義與唯物主義〉,「是這樣一種學說，它認為人的精神活動、思維和意志……以及感覺，是以某種與人的肉體根本不同、並不以人的肉體為轉移的本質，當作自己之基礎的。而因為肉體是有廣延性和可見的，簡言之，因為肉體是感性的和物質的，因此，本質便是非感性的和非物質的，因此便被稱為精神（spiritus）或靈魂。」(《費爾巴哈哲學著作選集》,1984： 北京商務，480 頁)(p.45)

[106] Bruno Bauer, "Charakteristik... ", a.a.O. (p.45)

[107] "Ça ira", 和〈馬賽曲〉（Marseillaise)、〈卡馬尼奧拉曲〉（Carmagnole)一樣，是法國大革命時的著名歌曲的曲名。其字面意義為 "that will go (well)"! 該歌曲其中一句就是 "Les aristocrates à la lanterne!" (把貴族吊在路燈柱上！)(p.45)

[108] 「流出體」原為新柏拉圖主義哲學家 Plotinus（204-270）的概念，他認為「一」（the One）之流出體界定了「道」（Nous, Logos)。《神聖家族》中 (第六章、[3b]) 馬克思曾有這樣一段話:「流出體……，即濃度尚不足以消化食物的流出體」。(*MEW*2:114;《全集 2》:138) (p.45)

[109] 本句直接接續左欄。(p.45)

[110] 本句直接接續於左欄。可能由馬克思加上括號，並畫了一個長箭頭引向「吊在路燈柱上」。(p.45)

[111] 本句直接接續於左欄「用它來」之後。(p.46)

[112] 本句應插入左欄插入符號處，似是馬克思在劃掉「並且也返回到它」後對此句之修改。(p.46)

[113] Cf.〈費爾巴哈題綱〉第三條（*These* 3)。(p.47)

[114] 「國家大事」，參見註 94。(p.47)

[115] 馬克思此段文字寫於正文中。(p.47)

[116] Cf. u.a. Feuerbach, *Wesen des Christenthums*, Bauer, "Charakteristik…". (p.48)

[117] 施蒂納《唯一者及其所有物》將「黑人性質」當作歷史的第一個時期,「蒙古人性質」當作第二個時期。「黑人性質表現古代：從屬於事物的時代……；蒙古人性質表現附屬於思想的時代：基督教時代。」(金海民譯,《唯一者及其所有物》北京：商務，1997，p.71)(p.49)

[118] 《德國年鑑》（*Deutsche Jahrbücher*)，即《哈勒年鑑》。參見註 55。(p.49)

[119] Bruno Bauer, *Geschichte der Politik, Cultur und Aufklärung des achtzehnten Jahrhunderts*, in 4 Bände, Charlottenburg, 1844, 1845. (p.49)

[120] 萊茵頌歌（Rheinlied),指的是 Nikolaus Becker (1809-1845) 所作之〈您不該擁有自由的德國萊茵〉（Sie sollen nicht haben, den freien deutschen Rhein)。1840 年之後該詩

被多次譜成曲。(p.50)

121 阿爾薩斯和洛林（法文：Alsace-Lorraine、德文：Elsaß-Lothringen）。是法國和德國交界處、在歷史上有過爭議的一塊地區。此地區自 1648 年《西發里亞和約》後逐漸成為法國領土。1871 年普法戰爭後，透過《法蘭克福條約》歸於新成立的德意志帝國。第一次世界大戰結束後曾短暫宣告獨立，後來又再度成為法國的領土。納粹德國 1940 年重新佔領至 1945 年，二次大戰後又復歸法國所有。(p.50)

122 Jacob Venedey（1805 - 1871），德國政治行動者與出版家。建立並支持了許多流亡海外德國人的革命組織，包括「正義同盟」前身之「受尊敬者同盟」（Bund der Geächteten）。(p.50)

123 Bruno Bauer, "Charakteristik Ludwig Feuerbachs", in: *Wigand's Vierteljahrsschrift*, 1845, Bd.3, Leipzig 1845, S.123-138. (p.50)

124 Ebd., S.123-124.(p.50)

125 莎士比亞,《第十二夜》(*Twelfth Night*) 第三幕第二場："he does smile his face into more lines than is in the new map with the augmentation of the Indies: you have not seen such a thing as 'tis. I can hardly forbear hurling things at him. I know my lady will strike him: if she do, he'll smile and take't for a great favour." 「兩個印度」，原文是 the augmentation of the Indies (加大的 [東、西] 印度群島)。「世界地圖」（Weltkarte）原文是「新地圖」(the new map)，德文一般譯為「新世界航海圖」（neue Weltcharte）。「藝術」（Kunst）原文為 favour，德文一般譯為 Gunst（恩惠）。Malvoglio，原文為 Mavolio，是劇中的男僕丑角。這些地方恩格斯或都有筆誤。(p.50)

126 《韋剛德季刊》(*Wigand's Vierteljahrsschrift*)，青年黑格爾派的哲學雜誌，1844-45 年在萊比錫出版。韋剛德（Otto Wigand, 1795-1870）是青年黑格爾派的出版家，他的出版社出版了《哈勒年鑑》等刊物，以及青年黑格爾派的許多著作。馬克思後來的《資本論》也是由他的出版社印刷的。(p.50)

127 Ludwig Feuerbach, "Über das *Wesen des Christentums*…", a.a.O. S.205.「F（費爾巴哈）既不是唯物論，也不是唯心論，也不是同一哲學，那麼他是什麼？他是有著思想的——這種思想，就事實（That）來說，就是精神；就肉體來說，就是本質，就其是感性來說——人（*Mensch*），或者毋寧說：由於 F 只在『共同體』（Gemeinschaft）中才替代『人的本質』（Wesen des Menschen）——[所以是] 共同人（Gemeinmensch）、**共產主義者**（*Communist*）。」(p.50)

128 Kilkenny 是愛爾蘭的一個郡。傳說當地曾有兩隻貓打架，相互吞噬的結果，最後只剩下兩條尾巴。(p.51)

129 馬克思此段文字寫於行間。(p.51)

130 這些預言家 [先知] 是：Jesaja, Jeremia, Hesekiel, Darriel, Hosea,Joel, Amos, Obadja, Jona, Micha, Nahum, Habakuk, Zephanja, Haggai, Sacharjz, Maleachi。(p.51)

131 Ben Hinnom 字義為欣諾（Hinnom）之子（Ben）。Baal 是希伯來文「主人」之意，通常指最高的神。此處括弧「費爾巴哈」（Feuerbach），或因與「巴爾高塔」（Höhen des Baals）有諧音。(p.52)

[132] 此段耶和華的話大致改寫自《聖經‧耶利米書》32:21-22, 30, 32:33-35, 25:2-3，與 18:13-14。依 *MEW*3:92，《全集 3》：104，「雨水」後面是：「的流逝也趕不上我的百姓（Volk）忘記我那樣快。喔！土地 [或國、或社稷、或后土，Land]！土地！土地！聽主的話吧！」(p.52)

[133] 教階制，本指 1554 年天主教教會所立定的聖職，由主教、司鐸和執事這三等不同品級的聖職人員來擔任。此處義略同於 (政教分離下的)「天主教會」。(p.53)

[134] 「自己的」（eigene）、（施蒂納的）「自有者」（ "Eigner" ）、「財產」（Eigentum），其實都有同樣的字根 eigen。(p.53)

[135] 本段寫於上下插入句之後，由左下往右上斜寫。(p.55)

[136] 因文法關係，最後這兩個插入與修改，與德文原本中的位置是相反的。(p.55)

[137] 本句直接接續於左欄「合乎理性的」之後。(p.56)

[138] 本句直接接續於左欄之「是」之後。(p.56)

[139] 此字可能由馬克思用鉛筆加了底線強調。「神正論」（Theodicée, Theodizee）來自萊布尼茲的書名 *Essais de Théodicée sur la bonté de Dieu, la liberté de l'homme et l'origine du mal.*（Cf. 註 51）該書是對 Pierre Bayle 的回應。黑格爾《歷史哲學講錄》之結尾使用了此概念：「世界史就是『精神』的這種發展進程與實際的演變……——這是真正的『神正論』、是上帝在歷史中的證成。只有這種洞見才能夠使『上帝』與『世界史』和『實際』相和解，這樣，過去所發生的種種、以及每天都在發生的種種，不僅不是『與上帝無關的』（ohne Gott），反而正好就是他自己的作品。」(p.57)

[140] 本句直接接續於左欄「說」之後。(p.57)

[141] Max Stirner, *Der Einzige und sein Eigentum*, Leipzig 1845. S.96, 金海民譯，《唯一者及其所有物》，p.78：「與這個對象的關係是理解（Wissens）、探索（Ergründens）和申述（Begründens）等等的關係，而不是解消（*Auflössens*）、取消（Abschaffens）等等的關係。」（譯文有改動）(p.58)

[142] "寄生蟲的勾當"（Geschäftigkeit des Ungeziefers），Max Stirner, *Der Einzige und sein Eigentum*, Leipzig 1845. S.88, 金海民譯，《唯一者及其所有物》，p.72：「『非我』（Das Nicht-Ich），就其被我享用和吸收而言，還太堅硬而牢不可破了。反而，人就只是在一個不動的東西（*Unbeweglichen*）上，亦即在這個實體（*Substanz*）上，極其忙碌地爬來爬去（ herum-kriechen ）……。這是寄生蟲的勾當、蒙古人的營生（Betriebsamkeit）。」（譯文有改動）(p.58)

[143] 此插入字直接接續於左欄「一種」之後。(p.58)

[144] 本段直接接續於左欄 "概念的自我規定。" 之後。(p.58)

[145] 本段寫於上下兩個插入句之後。插入號標記於本段三四行之間。(p.58)

[146] Eigene，cf. 註 134。(p.59)

[147] 「怪想」，參見 *MEW*3:144，《全集 3》：171。(p.59)

[148] 此字是馬克思對「踏進」一字之更改。(p.59)

149 本段可能原本插入第一個 *F*，後來該句劃掉後，改插入下一個 *F*，但為辨別，故又加了一個插入號✖。(p.60)

150 反穀物法同盟（Anti-Corn Law League）是 1838 年在曼徹斯特由 Richard Cobden 和 John Brigh 為首所建立的一個以反《穀物法》為目的的組織。《穀物法》主要指 Importation Act 1815 (55 Geo. 3 c. 26)。根據這個法律，英國進口穀物須課徵極重的關稅。這保障了封建地主（貴族），但損害了城市資本家。隨著該法於 1846 年廢止，反穀物法同盟亦於該年解散。其成員許多都轉入自由黨（Liberal Party），繼續主張貿易自由。(p.62)

151 協會（Verein）。此處之所以加引號，可能是諷刺施蒂納的概念，指利己主義者的自願聯合。亦參見 A11/35。(p.63)

152 此段敘述，亦參見 A11/16。(p.63)

153 佛蘭德（Flandern，荷蘭文 Vlaanderen，法文 la Flandre 或 les Flandres），比利時北部地區。(p.66)

154 Frederic Morton Eden, *The State of the Poor, or: an history of the laboring classes in England, from the coquest to the present period; ...with a large app.* in: 3 vol. vol.1, London 1797. S, 23, 82/83, 87, 100-03, 127/128/139/.140, 165/170. (p.68)

155 特權（Previlegien）是（中世紀）政府或國王賦予特定團體或個人之特殊許可，使之可以從事某種事業或免除某種義務。(p.69)

156 這裡描述的是「重商主義」。(p.70)

157 航海法（Navigation Act），1651 年由克倫威爾（Oliver Cromwell）頒布，並於 1660-73 年由其他相關法律補充。這些法律規定：由亞洲、非洲與美洲運往英格蘭、愛爾蘭與英國殖民地的商品，必須由英籍船隻運送，其船長與四分之三水手須為英國人。這些法律主要是為了對抗荷蘭的船隊。1793年之後，這些法律多所修改，終於在 1849 年廢除。(p.70)

158 John Aikin, *A description of the country from thirty to forty miles round Manchester,* London 1794, S. 181-88. (p.71)

159 Isaac de Pinto, *Traité de la circulation et du credit...,* Amsterdam 1771, S.234, 283. (p.71)

160 本句直接接續於左欄「剝削；」之後。(p.71)

161 本句直接接續於左欄「投機生意，」之後。(p.71)

162 此處紙張損毀，許多字無法辨識。(p.72)

163 本段直接接續於左欄「處境裡。」之後。(p.73)

164 此處方括號與右邊直線是馬克思加的。(p.75)

165 此句直接接續於左欄「的差別、」之後。在 *60)* 或 A11/74，相對於「個性個人」的為「偶然的個人」。此處「個性的個人」亦可譯為「人身的個人」，或應理解為自主的或自由的個人，或排除社會條件限制後的個人，或 A11/78 右欄之「個人作為個人」。(p.77)

166 此字直接加在左欄「動產」之後。(p.78)

167 本句直接接續於左欄「無法加以控制的，」之後。(p.78)

168 應指盧梭《社會契約論》，J.-J. Rousseau, *Du contrat social ou Principes du droit politique*, 1762. (p.80)

169 「個性的個人」在此與「偶然的個人」相對。在 *56)* 或 A11/70 則與「階級個人、個人生活條件的偶然性」相對。參見註 165。 (p.81)

170 馬克思將「Selbst」劃掉，並將 bethätigung 之 b 改成大寫 B。(p.81)

171 從「這種自主活動」到「產物」的括號是馬克思加的。(p.81)

172 這是馬克思對左欄「自主活動」的修改，直接加在其後。(p.81)

173 違逆的（widerhaariges），直譯為「反－毛髮的」，亦有「堅定不拔」之意。(p.81)

174 Max Stirner, *Der Einzige und sein Eigentum*, Leipzig 1845. S.442-43, 金海民譯，《唯一者及其所有物》，p.367：「迄今的歷史是精神的人的歷史。在感性的年代之後，開始了究竟義的歷史，亦即：精神性（Geistigkeit）、宗教性（Geistlichkeit）、非感性（Unsinnlichkeit）、超感性（Uebersinnlichkeit）、無意義性（Unsinnigkeit）的年代。人（Der Mensch）從這時起，才開始想要是和成為什麼。他想要從他自己做出 (aus sich machen）一個 "義人"、"某種義舉" (etwas Rechtes)。……羊、狗卻不會費力去成為一隻 "義羊、一隻義狗" ……。沒有動物會把它的本質表現為一個任務（Aufgabe），亦即一個牠要去實現的『概念』。」（譯文有改動）(p.81)

175 諾曼人（Normans），是中世紀時法國北部的一個族群。他們於 1066 年佔領英格蘭，建立了諾曼王朝，另一支則於 1130 年在義大利南部建立了西西里王國，並於 1139 年佔領了那不勒斯。那不勒斯（又譯為拿坡里、那波利；義大利文：Napoli；拿坡里語：Nàpule；英文：Naples）是義大利南部的第一大城市，坎帕尼亞（Campania）地區以及拿坡里省的首府，古希臘時即為希臘殖民地，意為「新城邦」（new polis）。(p.83)

176 馬克思在這裡加了一個類似方括號的記號。(p.83)

177 本句直接接續於左欄「實行了，」之後。(p.83)

178 此段直接接續於左欄「地產的集中，」之後。(p.84)

179 卡爾大帝（德文 Karl der Große，拉丁文 Carolus Magnus 或 Karolus Magnus，法文與英文 Charlemagne。亦譯為「查理大帝」或「查理曼」[magne 即「大帝」之意]）。768 年起為法蘭西王國國王，800 年登基為羅馬皇帝。(p.85)

180 Jean Charles Leonard Simonde de Sismondi（1773-1842），法國古典政治經濟學家，代表著作為《政治經濟學新原理，或論財富與人口的關係》（*Nouveaux principes d'économie politique, ou de la richesse dans ses rapports avec la population* , 1819）。(p.85)

181 Antoine-Elisée Cherbuliez（1797-1869），瑞士自由經濟學家，主要著作有 *Théorie des garanties constitutionnelles* (1838), *Riche ou pauvre* (1840) 與 *Étude sur les causes de la misère, tant morale que physique et sur les moyens d'y porter remède* (1853) 等。(p.85)

182 本句直接插入「有財產的人，」之後。(p.85)

183 Jean Charles Leonard Simonde de Sismondi, cf. 註 180。(p.86)

184 此字直接加在左欄「只有」之後。(p.87)

185 德文之 Recht 兼有「法律」(law) 與「權利」(right) 二義。故 Privatrecht 可譯為「私
法」或「私人權利」。關於 "Law" 與 "Right" 兩概念之區別，霍布斯 (T. Hobbes) 在
其《利維坦》(*Leviathan*) 第十四章有清楚說明。(p.91)

186 Amalfi 是義大利西南部坎帕尼亞 (Campania) 地區薩雷諾省 (province of Salerno)
的一個城市。約於第六世紀時興起為海上貿易重鎮，並成為獨立公國。1073 年被
諾曼人佔領。其《海商法》(*Tavole amalfitane*) 自十二至十六世紀都是國際海商法
的典範。(p.91)

187 本句意義不明。(p.92)

188 本句直接接續於左欄「必然會」之後。(p.92)

聯經經典

德意志意識型態 I. 費爾巴哈原始手稿

2016年6月初版 定價：新臺幣420元
有著作權・翻印必究
Printed in Taiwan.

著　　　者	Friedrich Engels
	Karl Marx
譯 注 者	孫　善　豪
總 編 輯	胡　金　倫
總 經 理	羅　國　俊
發 行 人	林　載　爵

出　版　者	聯經出版事業股份有限公司	叢書主編	梅　心　怡
地　　　址	台北市基隆路一段180號4樓	校　　對	陳　佩　伶
編輯部地址	台北市基隆路一段180號4樓	封面設計	陳　文　德
叢書主編電話	(02)87876242轉211	內文排版	菩　薩　蠻
台北聯經書房	台北市新生南路三段94號		
電　　　話	(02)23620308		
台中分公司	台中市北區崇德路一段198號		
暨門市電話	(04)22312023		
台中電子信箱	e-mail：linking2@ms42.hinet.net		
郵政劃撥帳戶第0100559-3號			
郵撥電話	(02)23620308		
印　刷　者	世和印製企業有限公司		
總　經　銷	聯合發行股份有限公司		
發　行　所	新北市新店區寶橋路235巷6弄6號2樓		
電　　　話	(02)29178022		

行政院新聞局出版事業登記證局版臺業字第0130號

本書如有缺頁，破損，倒裝請寄回台北聯經書房更換。　ISBN 978-957-08-4718-5 (精裝)
聯經網址：www.linkingbooks.com.tw
電子信箱：linking@udngroup.com

國家圖書館出版品預行編目資料

德意志意識型態 I. 費爾巴哈原始手稿/
Friedrich Engels、Karl Marx著 . 孫善豪譯注 . 初版 .
臺北市 . 聯經 . 2016年6月（民105年）. 192面 .
16.8×23公分（聯經經典）
譯自：*Deutsche Ideologie I. Feuerbach* Urmanuskript
ISBN 978-957-08-4718-5（精裝）

1.費爾巴哈（Feuerbach, Ludwig, 1804-1872）
2.學術思想 3.哲學

147.55 105004656